文庫ぎんが堂

なぜかモテる人がしている42のこと

中谷彰宏

イースト・プレス

この本は３人のために書きました

①恋愛で、女性にモテたい人。
②仕事で、男性を口説きたい人。
③人生で、男性にも、女性にも愛されたい人。

01

プロローグ
男にモテれば、女にもモテる。

「どうしたら女にモテますか」と聞く男性がいます。

そういう男は、女にも男にもモテません。

「女にモテる」前に、「男にモテる男」になることです。

若い時は女にモテようと一生懸命頑張ります。

経験を重ねて女にモテるようになると、どうしたら男を口説けるかを考えるようになります。

それは意識してそうなるのではありません。

女を口説くことばかりを考えなくなるのです。

人を口説くということに関して、男と女を区別しなくなるのです。

それは同性愛になるという意味ではありません。

人間自体を口説けるようになるのです。

口説くという意識さえなくなります。

経営者や文化人、その道の一流の人と対談したり仕事をしたり習い事をする時には、まず自分を好きになってもらわなくてはいけません。

恋愛だけではなく、仕事や遊び、すべてにおいて口説くことは必要です。

ある経営者が「中谷さんは男を口説くよね」と言ったと人づてに聞きました。

私はそんな意識はまったくありませんが、「女にも男にもモテたい」「いい仕事をしている一流の人たちにモテたい」という気持ちはあります。

男にモテる人は、女にもモテます。

男を口説ける人は、女も口説けます。

男が口説ければ、女は口説こうと考えなくても口説けてしまうのです。

女より男を口説くほうがはるかにレベルが高いのです。

その高いレベルにチャレンジしていると、自然に女も口説けるようになります。

私は女にモテたいと今でも思います。

女にモテたいと思っているうちは、せいぜいうまくいっても女にモテるところで終わりです。

もっと高いところにハードルを置くのです。

どうしたら男にモテるかを考えれば、それが100%達成されなかったとしても、女にはモテるようになるのです。

女にモテたいと思っている男は、ハードルを少し高くしてみることです。

男にも女にもモテるために

01 男にモテる男になろう。

男にも女にもモテる42の方法

01 □男にモテる男になろう。
02 □言葉ではなく、行動で口説こう。
03 □「おいしいもの」を食べるより「おいしく」食べよう。
04 □相手の大切な人を、大切にしよう。
05 □相手を年齢不詳にしよう。
06 □「どっちつかず」を楽しもう。
07 □苦手な人を、ほめよう。
08 □いくつになっても、弟子でい続けよう。
09 □別れに、強くなろう。

10 □ つらいことがあったら、「底荷ができた」と喜ぼう。
11 □ 無意識にしているしぐさを意識しよう。
12 □ 一人の時間を楽しめるようになろう。
13 □ 家事の達人になろう。
14 □ 流行を追わない人は、カッコいい。
15 □ リズム感のある生き方をしよう。
16 □ 大構想より、足元から発想しよう。
17 □ 「明日の思い出」を、今つくろう。
18 □ 「好きなこと」を、時間ができるまで、とっておかない。
19 □ 「ゲイとお年寄り」にモテる人が、モテる。
20 □ 「誰かが得すると自分が損する発想」から、抜け出そう。

21 □ 欠点を直す時間があったら、長所を見つけよう。
22 □ お金も時間も、アンバランスに使おう。
23 □ カッコいいことを、さりげなくしよう。
24 □ 顔の感覚をとぎ澄まそう。
25 □ 感情を表情に残さない。
26 □ 競技としての趣味を一つ持とう。
27 □「憎まれ役」になろう。
28 □ 紹介されるより、紹介しよう。
29 □ 演じることを楽しもう。
30 □ 大切な人を本当に大切にしよう。
31 □ 読書があなたの背中を押してくれる。

32 □ エントリーする人生のステージを上げよう。
33 □ 食事を、一人でも、二人でも、大勢でも食べられるようになろう。
34 □ 姿勢で伝えよう。
35 □ まわり道をしよう。
36 □「割に合わないこと」をしよう。
37 □ 美しい笑顔を連れて行こう。
38 □ 服の価値を美意識で高めよう。
39 □ 握手の力を信じよう。
40 □「したいこと」で、一日をまわそう。
41 □ 相談事をされるようになろう。
42 □ リスクがあなたの魅力を作る。

なぜかモテる人がしている42のこと　目次

第1章　モテる人は、言葉ではなく、行動で口説く。

第2章 モテる人は、イライラしない。モテる人は、安定感がある。

第3章 今だけモテる人、50年後も100年後もモテる人。

第4章　モテる人の仕事のやり方。

第5章 生き方が、モテる人になろう。

第1章

モテる人は、言葉ではなく、行動で口説く。

02

言葉より、行動が人を口説く。

口説き方の大事なポイントは3つあります。

① 女を口説く前に、男を口説く

② 言葉ではなく、行動で口説く

「口説き言葉を教えてください」と言う人は、セリフで口説けると思っていますが、セリフでは口説けません。

「口説きゼリフを教えてください」と言う人は、たとえセリフを覚えても行動が伴わないので、結局は口説けないのです。

「口ベタだから口説きゼリフがうまく言えない」「不器用だからうまく言えない」と言う人でも、行動が伴えば口説けるのです。

口説けない人ほど、口説きゼリフにこだわります。

口説かれたほうは、言葉では口説かれていないのです。

女性に「どの言葉に口説かれた？」と聞くと、特にどういう言葉がなかったり、なんでもない言葉だったりするのです。

「そんな言葉で口説かれるの」と不思議に思いますが、それは言葉で口説かれているのではないからです。

行動で口説かれていて、たまたま行動の中の一部分として言葉があったにすぎません。

口説き言葉があるのではなく、「口説き行動」があるのです。

③　口説ける人は、口説いていない

口説ける人は、口説こうとしたり駆け引きをするレベルではありません。

時々「中谷さんは催眠術をかけるよね」と言われます。

本当に催眠術をかけられるようになりたいですが、催眠術は口説いていません。

テレパシー・超能力・念力を使ってモテたいものです。

まわりから見るとまったく口説いていないのに、結果として相手が口説かれている状態がいいのです。

それを目標にすれば、もっと違う男や女とのつきあい方ができるのです。

男にも女にもモテるために

02 言葉ではなく、行動で口説こう。

03
「つまらない仕事」はないと言い切ろう。

「こんなつまらない仕事をやるために会社に入ったんじゃない」と言う人がいます。

仕事ができる人は、そんなことは言いません。

「自分はもっとレベルが高いのに、それよりはるかに低いレベルの仕事をやらされている」と感じる時、その人はつまらない仕事だと言うのです。

仕事ができる人、能力のある人ほど「つまらない仕事」は多いはずです。

能力の高い人ほど「つまらない仕事」とは言いません。

能力の低い人ほど「こんなつまらない仕事」と言うのです。

「つまらない仕事」という言い方をする人は、モテません。

つまらない仕事をしているからモテないのではありません。

「こんなつまらない仕事なんて」と言っている姿勢がカッコ悪いのです。

「つまらない仕事」という表現を使うのは、キャリアの短い人です。

世の中に「つまらない仕事」と「つまらなくない仕事」があるのではありません。

「つまらないと感じてしまう感性」と「世の中につまらない仕事なんてないと考えられる感性」のどちらを持っているかです。

その仕事をあなたがどう受けとめて、どう面白くしていけるかなのです。

グルメ評論家の山本益博さんは、食事会を開く時、「おいしいものを食べる会」とは言いません。

「おいしく食べる会」と言います。

つまらない料理があるのではありません。

つまらないと感じる食べ方やセンスしかないと、おいしい料理、おいしい仕事を探すようになるのです。

「つまらない仕事」と言う人は、人間に対しても同じ評価をします。

「あの人はつまらない」という言い方をしてしまうのです。

つまらない人はいません。つまらないモノもありません。

人間はすべてのものに興味があるわけではありません。

興味がない、意味がよくわからない、楽しみ方がよくわからないものがあっていいのです。

ただ、それを「つまらないもの」と感じてはいけないのです。

いろいろなものの意味がわかって洞察力がついてくると、つまらないものの面白さがわかってくるのです。

一流の人ほど「こんなつまらない仕事なんて」という言い方をしないのです。

男にも女にもモテるために

03 「おいしいもの」を食べるより「おいしく」食べよう。

04

お客様に優しくすれば、CAさんにモテる。

飛行機の中で、CAさんにモテようとして名刺を渡している男性がよくいます。

私はCAさんの研修をする立場なので、サービスのケーススタディーをいろいろ聞きます。

渡された名刺はほとんど捨てられます。

笑い話の種になっているのです。

名刺を渡している人は一生懸命なので、それに気づきません。

お客様にも、CAさんにモテるお客様とモテないお客様があります。

CAさんにモテないお客様は、一生懸命モテようとする人です。

ＣＡさんに優しくさえすればモテるわけではありません。

高級ブランドのバッグを「これは貴重なものだから大切に扱ってね」とＣＡさんに渡すようではモテません。

その男は「自分はこんな高級ブランドを持っている大した男だ」ということをアピールしたいのです。

機内の仕事はとても忙しいのです。

できれば自分の荷物は自分で管理してほしいのです。

アメリカでは、飛行機はバスと同じですから、自分の荷物は自分で責任を持って棚に入れます。

少なくとも自分の荷物は自分で棚に入れることです。

その上、お年寄りや子供、女性のお客様の荷物の出し入れを手伝ってあげる。

ＣＡさんの仕事はそれだけ減ります。

そういうことは見られているのです。

ＣＡさんにではなく、ほかのお客様にどれだけ優しくできるかです。

モテたい相手にばかり優しくしてしまいがちですが、それでは結局モテません。

「口説こう」と意識した瞬間に、口説く対象だけに注意力がいって、まわりの人に注意がいかなくなります。

口説く相手にだけ優しくて、まわりの人に冷たい人間になってしまいます。

女性は、自分だけに優しい人がいいと思う反面、ほかの人への接し方を見て、相手の裏側のホンネを感じ取るのです。

もちろん自分には優しくしてほしい。

「実際この人が恋人になったらどうなるか」、「エッチした後どう対応するか」というのを、ほかの人への対応で見抜くのです。

CAさんにモテるためにほかのお客様の荷物の上げ下ろしをしているようでは、「この人は見せているな」というのがバレてしまいます。

そんなこととは関係なくやっている時が、逆に一番目立っているのです。

「サービスマンは笑顔が大事だ」と言うと、お客様の前ではすばらしい笑顔なのに、お客様が見ていないところではブスッとしているサービスマンがいます。

それはとても目立ちます。

お客様にメニューを説明したりオーダーを聞いたり、料理を運ぶ時にはニコニコしていても、その隣でムッとした顔でテーブルセッティングをしているのは、意外にお客様には目立っているのです。

それは男と女の間でも同じです。

見ていないところでどれだけ無意識にできるかが大切なのです。

無意識にできれば、見ていないところでもできます。

第一段階は、見ていないところでも優しくできるようになることです。

第二段階は、無意識にできるようになることです。

04 男にも女にもモテるために
相手の大切な人を、大切にしよう。

05

年齢不詳な人は、「何歳に見られるか」気にしない。

魅力のある人は、年齢不詳です。

男でも女でも、みんな年より若く見られたいと思っています。

「年齢不詳でありたい」というのと「若く見られたい」というのは違います。

「若く見られたい」という意識が、もうすでに年齢にこだわっています。

年齢不詳でありたいのなら、若く見られようが年寄りに見られようが関係ありません。

年齢不詳にあこがれていながら若く見られたいと考えている人は、年齢不詳にはなれません。

若く見られようとして「いくつに見える?」と聞く人は、それほど若く感じられません。

「いくつに見える？」と聞いている時点で年をとっているのです。

その年齢になってしまっているのです。

そういう人は、若く見られるとニコニコするし、年相応に見られるとムッとします。

年より上に見られると、ますますムッとします。

本当に年齢不詳の人は、自分の年より上に見られたとしても笑っていられます。

それで初めて年齢不詳になれるのです。

相手にも年齢を聞きません。

相手の年齢をつい聞いてしまう人は、年齢不詳にはなれません。

あなたが年齢不詳になりたかったら、まず相手を年齢不詳にするのです。

セクハラ発言とは関係なく、年齢の話はつまらない会話なのです。

「君いくつ？」と聞いて「○○歳です」と答えて「ふーん」で終わるのです。

それは会話としては最悪です。

「だから何なの」となってしまいます。

一緒にいる女性を紹介して、相手が「年齢不詳ですね」とほめた時に「いや、実はけっこういってるんですよ」と言うのは、フォローになっていません。

会話の中で年齢の話を出すこと自体、かえって年齢を固定していくことになってしまうのです。

男にも女にもモテるために

05 相手を年齢不詳にしよう。

06
白黒をつけない。

なんでも白黒の決着をつけたがる人がいます。
世の中のモノをすべて善と悪のどちらかに決めつけようとします。
それはカッコよくありません。
カッコいい人は、白と黒との間のグレーゾーンを持てる人です。
グレーゾーンとは、中途半端で優柔不断なのではありません。
決断力のある人ほどグレーゾーンを持ち続けられるのです。
別な見方をすることができるのです。
間違っていると言われているものに意味を見出せるのが人間の奥深さです。
白と黒しかないとしたら、世の中は奥が浅いということになります。

グレーの中にも、限りなく白に近いモノもあるし黒に近いモノもあります。

青かったり赤かったり、黄色かったりするグレーも存在します。

色は無限に存在します。

その無限の色を感じられる人が、美しさの感性を持っているのです。

何か事があった時、それをいいこと、悪いこととすぐに決めつけてしまう発想は、あなたの魅力をツヤ消しにしてしまいます。

魅力というのは白や黒にあるのではなく、無限のグレーの中にあるのです。

水墨画がまさにそうです。

無限の灰色の中に無限の色を見るのです。

ほめることは悪いことではありません。

白や黒をほめるのではなく、グレーをほめることが大切です。

白をほめる人は、白の中に黒が一点混じった段階で、一気にけなす側にまわります。

マスコミは白か黒かをつけたがります。勝ち負けをつけて楽しみます。

芸術はそれに相反するものです。白黒を決めません。

ある時はほめるのに、黒が一点混じると一気にけなす側にまわる人はカッコよくありません。

犯罪者がエリートだったりすると、マスコミは大喜びします。

それは白黒決着をつけたがるモノの見方です。

自分がそういう見方をしていないか、常に意識することが大切です。

白の中の黒、黒の中の白を感じて、それを評価することが本当にほめるということなのです。

正しいもの、好きなものをほめるだけでは、ほめていることにはなりません。

06
男にも女にもモテるために
「どっちつかず」を楽しもう。

07

痛いところを突いてくる相手を、ほめよう。

ほめやすいものをほめても、ほめていることにはなりません。

ほめるのが上手な人は、ほめにくいモノをほめます。

「○」「×」「△」があった時、「○」は誰でもほめます。

大事なことは、「△」も「×」もほめることです。

他人のことならまだしも、自分にかかわることに関しては、「×」はほめにくいのです。

話をしていて、自分の痛いところを突いてくる人に対しては、なかなかほめにくいものです。

自分をほめてくれる人にほめ返すことは誰でもできます。

自分の痛いところを突いてきた人にも「さすが」とか「ありがとうございます」と言える人が、本当にカッコいいほめ方のできる人なのです。

「どういうほめ方がいいですか。ほめ言葉を教えてください」と言う人がいますが、ほめ言葉があるのではありません。

いかに自分が「苦手な人」「×な人」「嫌いな人」「イヤなことを言ってくる人」をほめられるかが大切です。

これは行動です。

美人は誰でもほめられます。美人ではない人をどうほめるかがセンスです。

明らかなウソをつくと、聞いた人にはウソだとわかるので、感じが悪くなります。

「これはあながち間違っていないな」というほめ方をすることなのです。

男にも女にもモテるために
07 苦手な人を、ほめよう。

08

弟子が師匠を口説ける。

弟子がたくさんいるとモテるわけではありません。

弟子がたくさんいると一見カッコよく見えます。

本当にカッコいい人は、いくつになっても自分自身が弟子になれる人です。

年を経ると、先生や師匠になって生徒や弟子が増えます。

「先生」と呼ばれることで偉くなった気がして、女性の前で、自分が先生としていかに尊敬されているかをアピールしようとします。

それはカッコいいことではありません。

「先生」とか「社長」と呼ばれるのは、外国で風俗の女性にそう呼ばれるのと同じです。

「とりあえずそう言っておけば間違いない」という銀座のクラブのマニュアルがあるから「先生」と呼ぶのです。

尊敬しているから「先生」と呼ぶのではありません。

「先生」という呼び方はある種の蔑称です。

本来敬称である言葉が蔑称になってしまうのは、「先生」と呼ばれることがカッコいいという勘違いがあるからです。

本当の先生は、「先生」と呼ばれてもうれしくありません。

「先生」とか「社長」と呼ばれて喜ぶのは、先生ではない人、社長ではない人です。

「そんなふうに見られたい」と思っている気持ち、コンプレックスの裏返しとして喜んでしまうのです。

喜んでいることを相手に見抜かれるのはカッコ悪いのです。

偉くなればなるほど、何かの生徒や弟子になれるというのが本当にカッコいいことなのです。

一流の人ほど、生徒になっています。

飲み屋で自信満々でウンチクを語る人がいますが、たいていは語っている人より聞いている人のほうがレベルが高いのです。

聞く人は、わかっていても「なるほど」と言って聞いているのです。

時々間違っていることがあっても、あえて指摘しません。

これが「先生」と呼ばれることの怖さなのです。

男にも女にもモテるために

08 いくつになっても、弟子でい続けよう。

09

出会いに強い人は、別れに強い。

「どうしたら出会うことができますか」という質問は、中学生から大人まで、ほとんどの人から出ます。

人間にとって出会いは大切です。

誰と出会うかによって人生が決まります。

どうしたら出会うことができるか、出会った相手を口説いてモテることができるかというのは、誰もが心の中で考えることです。

出会いに強くなるためは、別れに強くなることが大切です。

出会いに弱い人は別れに弱いのです。

これは大人も中学生も同じです。

なかなか出会えないと言う中学生は、前の恋人との別れのショックから立ち直っていないのです。

別れに弱くなっているのです。

新しい恋人と出会うことで失恋の痛手から立ち直ることはできます。

これは鶏が先か卵が先かというのと同じです。

別れから立ち直ることによって、新しい出会いが生まれることもあります。

前の別れを前向きに受けとめることで出会いが生まれることもあります。

出会いと別れを、成功と失敗に置きかえても同じです。

どうしたら成功できるかを一生懸命考えますが、それは失敗に強くなることです。

別れや失敗をいつまでもくよくよ考えたり、それを受けとめられずに言い訳をしていると、成功も出会いもありません。

別れは、中学生は中学生なりに、50代は50代なりに存在します。

経験すればするほど、出会いだけではなく別れも多くあります。

別れをどれだけ肯定的に受けとめられるかが大切です。

別れを肯定的に受けとめられる人は、失敗も肯定的に受けとめられます。

別れることに弱い人は、失敗していないのです。

失敗に打たれ弱いのです。

別れ強くなることが大切です。

それは、相手とうまく別れることができるということではありません。

別れのショックをどれだけ前向きに、肯定的に受けとめられるかということです。


大切なことは、人生のフォームを崩さないことです。

別れというショックを受けた時、その人のフォームが崩れます。

成功して天狗になった時にもフォームは崩れます。

大振りになってしまうのと同じように、別れた時はビクビクしてしまって、フォームがかたくなったり小振りになってしまいます。

カッコよさは、その人の生き方のフォームに出ます。

どんなことがあってもフォームが崩れないことが大切です。

失敗したからカッコ悪いとか成功したからカッコいいのではありません。

成功しようが失敗しようが、あなたのフォームを持っているということがカッコいいのです。

男にも女にもモテるために

09 別れに、強くなろう。

第2章

モテる人は、イライラしない。モテる人は、安定感がある。

10

「底荷」を持とう。

「暗いところ」があるとカッコ悪いと考えることはありません。

暗いところのない人はいないのです。

どんなに成功してハッピーそうな人も、その人の人生の中には必ず「底荷」と言われるものがあります。

船は荷物を運んでいます。

荷物は必ず船の底にあります。

底に置くことによって船が安定します。

荷物がカラの時の船が転覆するのです。

荷物を大量に運んでいる船が転覆することはあまりありません。

軽い船が転覆しやすいのです。

人間も同じです。

荷物を運んでいる人のほうが転覆しません。

荷物を運んでいる状態は、本人にとっては大変な状態です。

プレッシャーがあったり余裕のない状態かもしれませんが、そういう時のほうが失敗しません。

どっしりとした安定感があります。

よく自信が人を安定させると言いますが、自信があるというのは底荷があるということなのです。

あなたの抱えている短所・ハンディ・暗い過去・暗い精神面が底荷になっていくのです。

どうしたら底荷を捨てられるかを考えるのではなく、どのように底荷で自分の人生を安定させるかが大切なのです。

どっしりとしている人は、底荷を持っています。

底荷を恥じてはいけません。
どれだけ底荷を持っているかがより大切なのです。
つらい経験をした時、「これが自分の底荷になるんだ」と前向きにとらえることです。

男にも女にもモテるために

10 つらいことがあったら、「底荷ができた」と喜ぼう。

11

忙しい「イライラそぶり」は、カッコ悪い。

飛行機の中で「ハズレだったな」と思うのは、隣にイライラしている人が乗った時です。

何かごそごそしているのです。

指をかたかた鳴らしたり、ペンをくるくる回しています。

貧乏揺すりがオシャレではないのは、イライラしているように見えるからです。

本人は気づいていません。

勘違いをして、自分が忙しい人間であることをアピールするためにイライラ感をパフォーマンスしている人がいます。

隣に座った人はイヤだなと感じます。

そう感じられていることに本人は気づいていないのです。

ＣＡさんは「この人はどうしてこんなにイライラしているんだろう」と思って、クレームがつかないように気をつけます。

ＣＡさんからも嫌われてしまっているのです。

その人の行動が機敏というのではありません。

機敏な人は指をかたかた鳴らしたりしません。

忙しいことをアピールするためのしぐさを無意識にしていないか、気をつけることです。

忙しくてイライラしている時のしぐさは、無意識に出ます。

無意識にそんなしぐさをしてしまっていることが往々にしてあるのです。

そういうしぐさがカッコいいと勘違いしているのです。

自分が忙しい人間であることをアピールしようとしているのです。

アピールしようとすればするほど、そうは見えません。

アピールは、自信のないところをカムフラージュするものです。

それによってますます目立って、「あの人には自信が欠落している」ということがバレてしまうのです。

11 男にも女にもモテるために
無意識にしているしぐさを意識しよう。

12

出会いの多い人より、一人になれる人のほうが、カッコいい。

経験を積むと、出会いの数は増えます。
出会いの蓄積で、必然的に人脈は広くなります。
よく人脈の広さを自慢する人がいます。
人脈が広いことをカッコいいと感じているのは本人だけです。
女性はそんなことでは何も評価しません。
口では「すごい」と言いますが、ちっともすごいと思っていません。
女性が「すごい」と言うのは、最も危険な時です。
本当にすごいと思っている時は「すごい」とは言いません。
「ここはすごいと言わないといけないだろうな」と気を使って「すごい」と言

っているだけです。

「すごい」と言いながら、心の中では「セコーイ」と感じています。

カッコいいのは、友達が多いことを誇る人ではなく、一人でいる時間を感じさせる人です。

「この人は一人でコツコツ楽しむものを持っているな」と感じられる時、カッコいいと感じます。

これは女性も男性も同じです。

偉くなって友達が増えると、いつでも大勢でいられます。

構ってくれる人がいつもまわりに存在します。

いつもいろんな人と一緒にいられるので、一人でいたくないと思えばいつでも誰かがいてくれます。

そうすると、知らず知らずのうちに一人に弱くなってしまいます。

学生時代や20代は、仲間はみんな忙しいし、それほど顔も広くない。

必然的に孤独な時間が生まれます。

一人の時間に強くならざるを得ませんが、大人になるにつれて、一人でいたくないと思えば一人でいなくてもすむようになります。

そうすると、一人の時間に弱くなってしまいます。

そういう人が定年になって突然一人になった時、一人の時間に耐えられなくなって自殺するのです。

一人の時間にいつの間にか弱くなっていたのです。

モテる人が自殺することはありません。

モテる人は、誰かと一緒にいない時間に、一人でもニコニコ笑って自分の好きなことに打ち込んでいられる人です。

モテない人は、一人の時間が持てないのです。

孤独に耐えられなくて、寂しくてしょうがないのです。

誰でもいいから誰かと一緒にいたいという状態になります。

誰でもいいからという発想が、もうモテないということなのです。

モテる人は、一人でいてもいいのです。

「できれば一人でいたい」「一人でいればこんな楽しいことがあるのに」と思っています。

だから、「これは誰かと一緒にやったら楽しいだろうな」とか「この話を誰かにしてあげたいな」という相手にめぐり合えた時、その人に優しくできるのです。

そういう男性や女性とつき合いたいと思います。

大勢で集まって飲み会をやっていても、いつの間にか一人で消えていく人がいます。

寂しく消えていくのではなく、一人の世界へ入っていくのが感じられると、その人とつき合ってみたいという気持ちになります。

交友範囲が広くて顔が広くて、有名人をたくさん知っているということをいくら聞かされても、「ふーん」としか感じられません。

その人が一人の時に何をやっているかという話は、面白いのです。

人脈コンプレックスの人は、一人に猛烈に弱い人なのです。

それでは真の意味での人脈は生まれません。

12 男にも女にもモテるために

一人の時間を楽しめるようになろう。

13

一人暮らしができるようになろう。

学生時代の一人暮らしは、家事は全部一人でやらなくてはなりません。

それを通り過ぎて結婚して家族ができると、男性はだんだん家事まわりのことができなくなってしまいます。

誰かが常にやってくれるからです。

カッコいい人は、家事のできる人です。

それは旅行に行った時に差が出ます。

旅先では自分の世話を焼いてくれる人がいないので、自分の本当の力がわかります。

家事の能力が退化していることに気づくことです。

家事ができない人はサバイバルできません。

あなたの生命力は、家事ができるかどうかで決まります。

夫婦で暮らしていて、奥さんが亡くなった時でも一人でも食べていくことができるかです。家事がすべてできると感じられる人は魅力があるのです。

一人の孤独な時間に精神的に耐えられると同時に、一人暮らしをするのに必要な最低限の生活能力を持っていることです。

それはお金を持っていてもダメなのです。

今は代行業がたくさんできているので、お金を出せばほとんどのことは代行してもらえます。でも、95％は代行できても、5％は代行できない部分が残ります。

その5％ができない人は、サバイバル能力がありません。

人間的な魅力とは、誰にも代行できない5％をどれだけこなせるかです。

旅先で、浴衣をきれいにたためるのはカッコいい人です。

散らかしたまま帰るのではなく、少しでも片づけて帰ることが大切です。

難しい料理をつくることだけが家事ではありません。

完全にベッドメイキングを修復して帰るのではなく、カッコ悪くないぐらいにもとに戻して帰る力が必要です。

女性が見ても男性が見ても、カッコいいのです。

芸能界でキャベツを刻ませたら最高にうまい大竹まことさんは、キャベツを刻む姿がとてもカッコいいのです。

サバイバル能力の高さと繊細さの両方を垣間見ることができます。

これが家事なのです。

いつ何どき一人暮らしの状況に陥っても困らないことが大切です。

一人暮らしができなくてだらしなくて、女性に母性本能を感じてもらおうと頼っているのはカッコよくないのです。

男にも女にもモテるために

13 家事の達人になろう。

14

流行から、置いて行かれよう。

流行の最先端にいる人は、もちろんカッコいいです。
最先端にいる人は100人のうちの1人です。
流行をまったく追いかけない人が100人のうち10人ぐらいいます。
残りの89人は、流行を追いかけているけれども、追いつけない人です。
カッコいいのは、先頭を走っている人だけです。
2番、3番はもうカッコ悪いのです。
流行に追いついていないからです。
最初から流行を追いかけない10人は、それはそれでカッコいいのです。
最先端を走っている人は、流行を追いかけません。

追いかけると、必ず負けます。

最先端を走っている人は、追いかけたのではなく、自分勝手に走っていたところにたまたま流行が重なっただけなのです。

２番の人が追いかけている人です。

追いかけるのではなく、その人の好みがたまたま時代に重なったというのが流行の最先端なのです。

流行らせようという意識や、流行っているからやろうとする必要はないのです。

「流行」を「成功」に置きかえても同じです。

成功を追いかける人は成功しません。

気がついてみたら成功していたのです。

成功にたまたま重なっていたのです。

最もみっともないのは、流行を追いかけながら流行に追いつけないでいることと、流行に追いついていない人をバカにすることです。

カラオケに行ってカッコいいのは、誰も知らない古い歌を歌う人です。

その人は今の曲がわからないのです。

カラオケで最もみっともないのは、中途半端に古い歌を歌う人です。

自分はそれで若ぶっているつもりなのです。

今の音楽業界では新曲が毎日リリースされている状態ですから、これが最新の曲だと思った時点で、もう中途半端に古いのです。

中途半端に新しくて中途半端に古いというのが一番カッコ悪いのです。

それが流行を追いかけているということなのです。

本人は新しい曲を歌っているつもりでも、まわりは「びみょー」という状態になるのです。

それよりは「何この曲？　聞いたことない」というような古い曲を歌うことです。

最初から新しい曲を歌おうとしないほうがよほどカッコいいのです。

古いものはそれ以上古くなりません。

これはお店でも同じです。

カッコいいお店は流行を追いかけません。

カッコ悪いお店は、「このノリってちょっと前だよね」というお店です。

オープンした時やプランニングの時は新しくても、お店のコンセプトやインテリア、音楽、テーマが古びるのは早いのです。

そういうお店に連れて行くこともまたカッコ悪いのです。

新しぶる、若ぶる、「○○ぶる」というのはオシャレではないのです。

男にも女にもモテるために

14 流行を追わない人は、カッコいい。

15

ダンスのように、仕事をしよう。

仕事をする時にスピード感があるのはカッコいいことです。
でも、ただ速ければいいというわけではありません。
同じ速くても、せかせかして速いのはカッコよくありません。
私は、ダンスのように仕事ができないかなといつも考えます。
おしゃれな人は、ダンスをするように仕事をしています。
私はボールルームダンスを習うことで、そのリズム感を学んでいます。
ダンスをする時のリズム感・メロディー・ハーモニーを体にしみ込ませます。
そういう形で仕事ができないかといつも考えます。
ダンスをするように仕事をするというのは、リズム感・メロディー・ハーモ

ニーが仕事の仕方の中に感じられることです。

決してあせってせかせかやるのではありません。

直線的にやっているのに、ワルツのリズムに乗って仕事ができているのが優雅なのです。

速くできるところは速くして、ゆっくりするところはゆっくりするのです。

速いのがカッコいい、ゆっくりなほうがカッコいいというのではありません。

そこにリズムが存在するかどうかです。

速い動きもゆっくりの動きも、どちらも難しいのです。

そのどちらもできることが大切です。

そこにリズム感を感じることができるかどうかです。

リズム感があると、結果として速くなります。

スキーの滑降競技のスラロームでは、ポールの旗門を越えていく時にリズム感がある人が速いのです。

一見ゆっくり見えるのですが、リズム感があると、ムダな動きがなくなります。

ドッグレースのアジリティ競技で、立てられたポールの間を左右にくぐり抜けていくスラロームの競技があります。

それもリズム感です。

スピードがつきすぎると、通り過ぎてしまってムダな遠まわりをしなくてはならなくなります。

何よりも、リズム感があると、本人もまわりの人も心地いいのです。

「あの人、仕事は速いけど、あまり一緒にやりたくないよね。すごくピリピリしている」という人がいます。

ピリピリ感が伝わるのは、余裕がなくてリズムがないからです。

リズムがあるというのは余裕があるということなのです。

「私はもっと速くできる」と言って3拍子のワルツに4つも5つも動きを入れたら、合わなくなってしまいます。

速くできたとしても、リズムが壊れてしまいます。

あなたの仕事に、どれだけリズムがあるかです。

それはあなたの固有のリズムでいいのです。

ワルツならワルツ、タンゴならタンゴのリズム感を生み出せることが、あなたの個性につながるのです。

男にも女にもモテるために

15 リズム感のある生き方をしよう。

16

足元から発想した企画は、成功する。

レストランで、大きな仕事の話をするサラリーマンがたくさんいます。

「あの何十億のプロジェクトはオレがやった」という話をするのです。

そこに女性が加わると、さらに話が大きくなります。

本人はそれでカッコいいと思っているかもしれませんが、まわりからはカッコよく見えません。

本当に大きな仕事をしている人は、仕事の話を飲み屋では口にしません。

内緒の話も外には漏らしません。

本当に大きなプロジェクトには秘密の話がたくさんあるので、飲み屋で大きな声で話してはいけないものです。

携帯電話で大声で話していることも、だいたい大した話ではありません。

緊急な話も携帯電話では話されません。

新しいビジネスモデルのプレゼンテーションは、口説くことです。

それは、女を口説いてエッチするというのとは違います。

経営者を口説いてビジネスパートナーになってもらってお金を出してもらうことです。

そこではモテないといけません。

プレゼンでモテる人にならなければいけません。

プレゼンで大きな話をする人はモテません。

大きな話をしたほうがモテると思い込んでいる人がいます。

「自分にはこんなすごいノウハウがある」とか「これは今まで見たことがないようなものだから、これだけの立ち上がり資金を出してほしい」というプレゼンの仕方をついしがちです。

プレゼンでモテるタイプの人は、二つの要素を持っています。

① 立ち上がりの資金を小さく始められる人

② 自分の足元から物事を発想できる人

大所高所からしか発想しない人がいます。

そういう人のビジネスモデルは失敗します。

「これは社会貢献になります」という発想なのです。

社会貢献がいけないのではありません。

自分の足元から発想したことが最終的に社会貢献につながるのはいいのです。

でも、社会貢献から発想しても、地に足のついたことができません。

高邁なことを言っていても、その人自身の体験とは何もつながっていません。

「社会福祉のために」「世の中の人を幸せにするためにしなければならない」

と言うわりには、やろうとしているビジネスの経験がないのです。

世の中に必要だからということよりも、まずあなたがどれだけそれに対して

お客様になっていたかです。

体験してきたことから発想することです。

これがマーケティングで成功するコツなのです。
プレゼンでモテる人は、必ず自分の体験からスタートしています。
それはウソがありません。
プレゼンでモテない人は、大所高所から話します。
その裏づけは、ほとんどインターネットで引き出してきたデータなのです。
それでは魅力がありません。
女性と話をする時も、また聞きのデータほど面白くないものはありません。
それよりは、あなた自身が体験した話のほうがはるかに面白いのです。

男にも女にもモテるために

16

大構想より、足元から発想しよう。

17

「昨日の思い出」にひたるより、「明日の思い出」をつくろう。

昔話ばかりしている人はカッコよくありません。
カッコ悪い人の話は、ほとんどが「昔はね」という前置きで始まります。
女性も思い出話が好きです。
だからといって、女性に昔話ばかりしていたのではモテません。
男同士でも同じです。
つまらない人は、「あの人いつもこの話なんだよね」と言われる人です。
いつも同じなのは、それが昔話だからです。
同じ思い出にも、過去の思い出と未来の思い出の二通りがあります。
未来の思い出は、「これからこういう思い出づくりを一緒にやっていこう」

という話です。

過去の思い出の話しかできない人は、未来に向かって思い出をつくろうという意志がありません。

過去の思い出話はだいたい自慢話になってしまいます。

夢を語るところの最も反対側にあることです。

夢を語るというのは、未来の思い出を語ることです。

今、目の前にいる人と一緒に未来の思い出をつくろうとしていることです。

キャバクラに行って、ただ女とエッチしたいためだけに「今度温泉に行こう」と言っているのは、相手の思い出をつくってあげようとしていません。

相手の体験をつくってあげることが大切です。

自分の体験をつくるためだけに何かをするのではなく、相手に体験をプレゼントするのです。

体験もプレゼントの対象になり得るのです。

最も喜ばれるプレゼント、忘れられないプレゼントは、モノよりも体験です。

モテる人は、その体験を自分ではなく相手に味わってもらうのです。

相手に味わってもらえば、あなたもその体験を相手と共有できます。

そのパートナーになることが大切です。

一緒に夢を見られることが大切です。

過去の思い出は、目の前の相手が幼なじみでもない限り、なかなか共有できません。

それを勘違いして、自分の強烈な思い出を語りたくて、相手が共有体験できないのに語ってしまうミスを犯しがちです。

モテるということは、共感が持てるということです。

カッコいいと思われるのではなく、共感が持てることです。

同じ共感でも、「あるある」という共感もあれば「ああいいな、自分もそうなりたいな」という、ちょっと手を伸ばせば届くぐらいの共感もあります。

モテようと頑張りすぎる人は、この共感を否定します。

「君なんか知らないと思うけど」と相手を切り捨ててしまいます。

それは共感の否定です。

「君にはきっとこんなのはわからないだろう」という姿勢でいいカッコをしてしまうのです。

相手が共感できないことで、相手から尊敬されることはないのです。

男にも女にもモテるために

17 「明日の思い出」を、今つくろう。

18

1日2時間、好きなことをしている。

労働時間の長さを自慢したり睡眠時間の短さを自慢したりする人はあまりカッコよくありません。

カッコいい人は、1日に2時間、好きなことをしています。

最もカッコいい人は、それを365日しているのです。

好きなことをたまにしているのは、別にカッコいいことではありません。

好きなことを何もしていない、ガマンしているというのもカッコいいことではありません。

好きなことを最低1日2時間、365日できる人はとてもカッコいい人です。

それはなかなか難しいことです。

まず、好きなことが何かわかりません。

それから、１日２時間をとることができません。

それを３６５日続けることができません。

月１回できればいいというのは別に好きなことでもなんでもありません。

それはただの娯楽です。

「そんなにしたら飽きてしまう」と思われそうですが、やればやるほどハマっていくのが本当に好きなことです。

飽きるのは、好きなことではないのです。

自分が何をやりたいのか、何が好きなのかよくわからないと言っている人の頭の中には「土日は休む」という考え方があるのです。

３６５日ではないのです。

年間１２３日は休むという考え方なのです。

それでは好きなことはできません。

１週間のうち土日だけは好きなことをやろうというのも、好きなことではありません。
好きなことはその人の人生なのです。
中ぐらいの成功者や小金持ちなら、嫌いなことを24時間やってもなれます。
でも、本当にハッピーなお金持ちになるには、好きなことを1日2時間することです。

好きなことを1日2時間やっている人は、ガマンして寝ないで働いている人よりはるかに成功します。

男にも女にもモテるために

18 「好きなこと」を、時間ができるまで、とっておかない。

第3章

今だけモテる人、50年後も100年後もモテる人。

19

カッコいいお年寄りに、愛されよう。

女性にモテる人の共通点は、二人の人にモテることです。

①**ゲイ**

②**お年寄り**

ゲイとお年寄りにモテれば、男性にもモテます。

もちろん女性にはもっとモテます。

ゲイとお年寄りは、人間の魅力を見抜きます。

お年寄りは、ただ長く生きているだけではありません。

人間の魅力を直感的に見抜く力を持っています。

見せかけの魅力ではなく、その人の内面の魅力をしっかり見抜きます。

好き嫌いも激しいので、八方美人にはなりません。

お年寄りに好かれる人間になることです。

お年寄りに好かれようとしてやることは、お年寄りは見抜いてしまいます。

お年寄りの中でも、カッコいいお年寄りにいかに好かれるかです。

カッコいいお年寄りに好かれると、そのお年寄りに協力してもらえるし、生き方を学ぶこともできます。

モテる人は「この人、おじいちゃんになったらカッコいいだろうな」と想像できる人です。

「今はカッコいいけれども、これが続くかな」と疑問に思えたら、その人はカッコよくありません。

50年たっても１００年たってもカッコいいのがカッコいいということなのです。

今まさに旬で、すごく危なっかしい魅力もあります。

それはあまりカッコよくありません。

19

男にも女にもモテるために

「ゲイとお年寄り」にモテる人が、モテる。

「来週はもう古いよね」と感じられるものはカッコよくありません。

練り上げられた魅力、時間のハードルを通り越えてきた魅力をカッコいいお年寄りは持っているのです。

そういう人に評価してもらえる、愛される、かわいがってもらえることが大切です。

若い女性にはモテるけれども、おばあちゃんにはモテない人もいます。

こういう人は本当はモテないのです。

おばあちゃんにモテれば、若い女性にも必ずモテるのです。

20

劣等感のあるところには、お金も女性も寄りつかない。

劣等感のある人はカッコよくありません。

「劣等感」は、「誰かが得をしたら自分が損をする」という感覚です。

誰かがほめられると、自分はけなされているような気がするのです。

ゼロサムの中で麻雀をやっているように、「誰かが上がると、自分はへこむ」という感覚が劣等感です。

誰かがほめられたからといって、あなたがけなされているわけではありません。

まわりが持ち上がっていくと、あなた自身も持ち上がっていけるのです。

劣等感を持っている男性には、男性もお金も情報も、もちろん女性も集まりません。

偉くなったら劣等感がなくなるわけではありません。

「成功している」とか「お金がある」とかいうことと、劣等感のあるなしは別物です。

成功してお金持ちなのにモテない人は、相変わらず劣等感を持っているのです。

誰かが成功すると自分の成功が減るという勘違いをしているのです。

男にも女にもモテるために

20 「誰かが得すると自分が損する発想」から、抜け出そう。

21

どんなにたくさん欠点があっても、オンリーワンの長所を持とう。

「モテる男」と「流行《はや》っているレストラン」には、共通点があります。

欠点がないのに流行っていないレストランもあります。

欠点のないことが流行る条件ではないのです。

人間でも、欠点のないことがモテる条件ではないのです。

誰しも欠点や短所を一生懸命直そうとします。

でも、欠点や短所を直したからといって、モテるわけではありません。

欠点のあるなしは、モテるかモテないかには関係ないのです。

どんなに欠点がたくさんある人でも、ほかの人がマネできないオンリーワンの長所や飛び抜けた個性を持っていればモテるのです。

欠点のない人がモテないのは、「自分は欠点がないのにどうしてモテないの」という発想になるからです。

それが最大の欠点です。欠点のないことが、その人を傲慢にしているのです。欠点のある人のほうが、「あの人は欠点が多いけど、面白いし、ステキ」と言われてモテるのです。

本人も自分は欠点も多く、完璧な人間でないことがわかっているので、傲慢にならないのです。

そういう人は、自分の欠点を何かで補わなければいけないという必然に迫られています。

欠点を直してしまった人は、自分はもう欠点を直したのだから、補う長所をつくる必要はないと考えます。

流行っているお店・デパート・レストラン・スーパーには、欠点を抱えている店が多いのです。

立地が悪いとか、建物が古いとか、何らかのハンディを背負っていますが、それにもかかわらず流行っているのです。

新しくつくるところは欠点がないようにつくっています。

そういうところは、魅力がないので流行らないのです。

「欠点がないこと」イコール「魅力がある」ということではありません。

女性は、欠点のない人ではなく、魅力のある人を求めています。

その魅力は、あなたにしかない魅力です。

レストランでも、今流行っているものが全部そろっていても、そこに行かなければないものが一つもないところにはお客様は行かないのです。

そこに行かなければないものを出すことは勇気が必要です。

それを「大嫌い」と言う人もいます。

そうすると、せっかく来てくれたかもしれないお客様を逃してしまいます。

それを「よし」としてくれる人はファンになります。

長所は、誰もが好きになるものではなく、好き嫌いが生まれるものなのです。

そういう長所を恐れずに持つことが大切です。

みんながほめるものは、実は魅力ではないのです。

賛否両論のものが一番モテるのです。

お笑いタレントでも、好感度のパーセンテージを上げるよりも、「好き」と言う人と「嫌い」と言う人が両方いるほうが人気が出るのです。

「好き」のベストテンにだけ入っているタレントは、やがて消えていきます。

本当に長く愛されるタレントは、「好き」と「嫌い」の両方に入るのです。

あなたも「好き」と「嫌い」の両方に入ることを目指すことです。

誰でも「嫌い」のほうには入りたくないものです。

「嫌い」のほうに入らないようにしたら、「好き」のほうからもはずれてしまうのです。

男にも女にもモテるために

21 欠点を直す時間があったら、長所を見つけよう。

22

「必要なぜいたく」をしよう。

ケチな人はモテません。

ケチな人は「ぜいたくする余裕はない」と言います。

すべてにぜいたくしようと思えば大富豪になるしかありません。

たった一つのことならば、普通の人でもぜいたくができるのです。

たった一つの好きなことにぜいたくをすることが、あなたにとって必要なぜいたくです。


ぜいたくが一つあるかどうかは重要です。

必要なぜいたくをすることが、あなたの余裕や豊かさにつながるのです。

まんべんなくケチな人や、まんべんなくぜいたくな人はいないのです。

実際の大富豪の生活を見ていると、節約しているところはすごく節約しています。

意外に庶民的で、「こういうことはきっちり節約するんだ」と感じます。

ぜいたくするところはめちゃくちゃぜいたくしているので、ケチとも感じません。

節約することは節約し、ぜいたくするところはぜいたくすることで、「この人は成金でもケチでもない」と感じさせるのです。

どんなにケチな人でも、すべてのことにケチな人はいません。

どこか一点でほころびていて、浪費しているポイントがあります。

それが魅力的なのです。

お金の使い方で、バランスが破綻しているところがあったほうがよいのです。

自分はお金の使い方がヘタで、バランスが悪いと思っていても、それでいいのです。

一方でコツコツ切り詰めて、一方でムダ使いしていても、それでいいのです。

それが正しいお金の使い方です。

切り詰めているところをぜいたくしたり、浪費していることを切り詰めていけば、バランスはよくなるかもしれませんが、その人はつまらない人間になります。

お金の使い方だけではなく、時間の使い方も同じです。

このことには時間を節約する一方で、このことには時間を思い切りムダ使いするというのが本当の意味でのバランスです。

バランスは均等にすることではありません。

自分の好みによってアンバランスをつくれることが、本当のバランスです。

時間にもお金にも、八方美人になってはいけません。

八方美人は、濃い薄いをつけずにどれも均等にしてしまいます。

つき合いの中で、濃い薄いをつけられない八方美人になっても誰も喜びません。

えこひいきがあっても、好き嫌いが激しくてもいいのです。

そういう人のほうが、嫌われたり、敵ができる一方で、本当の友達や恋人もできるのです。

男にも女にもモテるために

22 お金も時間も、アンバランスに使おう。

23

さりげないのが、一番カッコいい。

「カッコいいこと」をすることが、カッコいいのではありません。

カッコいいことをカッコよくやるだけでは、せっかくカッコいいことをしていても、普通のことになったりします。

時には、カッコ悪くなったりするのです。

本当にカッコいいのは、カッコいいことをさりげなくやることです。

カッコよさと普通っぽいことを両方兼ね備えることが大切です。

カッコよくしたいと思っている人は、全部をカッコよくしようとします。

全部がカッコよくなると、逆にカッコよさがわからなくなるのです。

花を生けたり、絵を描くのと同じで、全部を主役に持っていくと、主役が目立たなくなるのです。

カッコよさの中に普通さがあって、普通さの中にカッコよさがあるのが、一番カッコいいことです。

カッコいいことをする時ほど、さりげなくやるようにします。

カッコよさが目立つと、「成金」とか「ウエー」とか言われるのです。

それはカッコよさで上がってしまっている状態です。

本人も気づかないうちにカッコよくなっているのが、本当にカッコいいことです。

「これからカッコいいことをするぞ」という時は、たいてい恥ずかしい結果に終わります。

口説きゼリフは、「さあ、口説くぞ」と肩に力が入った状態で言うからはずしてしまうのです。

「あとから考えると、あれが口説きゼリフだったのか」というぐらい無意識に話した言葉のほうが、効果的な口説きゼリフになります。

狙って言う口説きゼリフは、口説きゼリフにはならないのです。

そういうセリフはかえってマイナスです。

相手に引かれたり、滑ったり、場の空気を凍らせてしまうのです。

カッコいいことをする時やカッコいいセリフを言う時ほど、上がってはいけません。

上がらないためには、ふだんからカッコいいことに接するようにします。

そうしないと、カッコいいことにドキドキして上がってしまいます。

「これからカッコいいセリフを言わなくちゃ」とか「カッコいいことをするぞ」という力みが出るのです。

オシャレなレストランへ行って、「今日はオシャレなレストランに来たぞ」と力んでしまう人は、オシャレなレストランに来慣れていない人です。

カッコいいことを普通にできて、普通のことをカッコよくできるようにすることが大切です。

「しょせん普通のことだから、普通にやっていい」と投げ出してしまうと、それはただの普通のことでしかありません。
普通のことをカッコよくできないかと考える。
カッコいいことはできるだけ普通にできないかと考えるのがカッコいいことなのです。

男にも女にもモテるために 23

カッコいいことを、さりげなくしよう。

24

顔は表現する場ではなく、感覚器官だ。

カッコいい人は、表情がいい。

表情は、自分の気持ちを表現する、いわば送り手の場所です。

本当にカッコいい人は、それを受け手の場所にもできるのです。

能動的な場所を受動的な場所にできる、つまり顔をスピーカーではなく、マイクにもできるのです。

それがコミュニケーションする時のリアクション機能になります。

顔で自分の気持ちをアピールするだけでなく、自分の顔を相手の気持ちを受け取るマイクにすれば、あなたの表情はさらに豊かになります。

能動的な場所をさらに能動的にすることは、決してカッコいいことではありません。

ただ力が入っているだけです。

デリケートな使い方をするためには、能動的な場所を受動的な場所にして、受動的な場所を能動的にするのです。

目・耳・口・鼻が感覚器官だというのはわかります。

でも、ほとんどの人は顔が感覚器官だということを意識していません。

顔全体を感覚器官にして、相手の気持ちを感じ取る場所にします。

耳を澄ますとか目を凝らすのと同じように、自分の表情を澄ましたり凝らしたりするのです。

そうすれば、相手の話や表情を自分の顔で感じ取ることができるのです。

耳を澄ますことによって、小さな音でも聞き分けることができるようになります。

同じように、相手の気持ちを顔全体を使って感じることができるようにするのです。

顔を感覚器官と考えなければ、ただの機械のようにぞんざいに扱ってしまいます。

それではもったいないのです。

男にも女にもモテるために

24 顔の感覚をとぎ澄まそう。

25

失敗も成功も、顔に出さない。

表情には、二通りがあります。

① 出そうと思って出る表情

② 無意識に出てしまう表情

怖いのは、無意識に出る表情が相手に伝わることです。

自分ではそんな表情をしているつもりはない。出そうとも思っていないのに無意識に出てしまう表情が、相手に伝わるのです。

無意識で出る表情は、笑っていても怒っていても本人は気づきません。

しかめつらをしても、眉間にしわが寄っていても、本人はそのことに気づかないのです。

失敗したあとの表情は、あなたが魅力的かどうかの分かれ目です。
失敗した時に笑っている人はカッコいいのです。
あたかもうまくいった人のような気配で、余裕すら感じます。
失敗した時は誰でもムッとしたり、後悔がつい出てしまいます。
成功した時は、自慢げな顔がつい出てしまいます。
顔を見ているだけでは勝ったか負けたかわからないのが、本当にカッコいい人です。
そういう人は、勝った時はあたかも負けたかのように照れ笑いします。
負けた時も、あたかも勝ったかのようにニコニコ笑っているのです。
行動や言葉よりも、表情にこそあなたの素《す》が出てしまいます。
それが相手に伝わることで、あなたの好感度が決まるのです。

男にも女にもモテるために

25 感情を表情に残さない。

第4章

モテる人の仕事のやり方。

26

仕事では、勝ち負けはつきにくい。

私は習い事として、ボウリングとボールルームダンスの二つに取り組んでいます。

ボウリングは競技としてやっていますが、ボールルームダンスは違います。

ボールルームダンスにも競技がありますが、それをやらないのは、競技を二つ抱えたら大変だからです。

ボウリングという競技を一つ抱えているだけでも大変です。

二つも抱えたら、両方とも長続きできないぐらい大変なところに追い込まれるのはわかっています。

競技というのはそれぐらい大変なのです。

「競技として楽しむ趣味」と、「競技をせずに楽しむ趣味」との二通りがあります。

もちろんボウリングにも競技ではなく趣味として楽しんでいる人がいます。

それはそれでよいのです。

どちらが上とか下とか、正しいとか間違っているとかいうことではありません。

ただし、趣味の中に何か一つ競技を持つことがその人の魅力になります。

競技をしている人は魅力的です。

それはたくさんの修羅場を経験しているからです。

どれだけの修羅場をくぐり抜けたきたかが、あなたの魅力につながるのです。

勝ち負けが決まることほどつらいことはありません。

仕事では意外に勝ち負けはつきにくいのです。

特に日本の企業では、同期の中の勝ち負けはよくわからないのです。

よくわからないようにしてモチベーションを保とうとするのが、日本の今までの労働形態でした。

アメリカの会社の場合は、勝ち負けがはっきりしています。

自分よりあとから入社した、はるかに年下の人が自分の上司になるのが平気な社会です。

ですから、アメリカでは仕事の上で勝ち負けが起こりうるのです。

日本でそういうことすると、モチベーションが下がってしまいます。

自分の息子ぐらいの年齢の上司の言うことなんて聞けないと言って、やる気がなくなって辞める人が多いのです。

実力主義にすると、逆に全体のモチベーションが下がってしまうのが、これまでの日本の人事システムでした。

仕事では意外に実力主義や競技がなく、勝ち負けがないのです。

勝ち負けのある世界は、その人の顔を引き締めていきます。

負けた時の身の処し方、気持ちの立て直し方を覚えざるをえないところへ追い込まれるのです。

1、2回競技に参加するだけなら、あなたの生き方までは変わりません。
でも、競技を続けていくことは並大抵のことではありません。

負ける人のほうが勝つ人よりも圧倒的に多いのです。

トーナメントでは、最後まで勝つ人は一人しかいません。100人のうち99人は敗者で、100回のうち99回は敗北です。

敗北しても、それを続けていくことが競技者としての人生です。

趣味の中でそういうものを一つ持つかどうかは大きなことです。

負けてもまた続けなければいけないというシビアな側面を引き受けることが大切です。

成功している人や幸せになっている人は、負けても続けた人です。

普通の人は、負けたらイヤになってやめてしまいます。

「これは趣味でいいです」と開き直ってしまうのです。

「趣味を仕事にする」とよく言いますが、うまくいかなかった時に「しょせん趣味ですから」という言い逃れをしないようにします。

負けても続けていけるほど好きな競技を何か一つを持つことで、あなたの顔は変わっていくのです。

男にも女にもモテるために

26 競技としての趣味を一つ持とう。

27

「憎まれ役」は、愛される。

組織の中にはいろいろな役割があります。

その中で、みんなが引き受けないような役をどれだけできるかが重要です。

誰でも憎まれ役はやりたがりません。

憎まれ役の人のほうが男同士の間ではモテるのです。

プロレスの世界で人気のある人は、善玉の人よりも悪玉の人です。

観客の人気だけではなく、スタッフや身内やレスラー同士の中でも悪玉の人は人気があるのです。

俳優の世界でも、悪役の人のほうが「あの人、いい人だよね」と言われて、圧倒的に人気があるのです。

そういう人は度量があるから、みんながやりたがらない憎まれ役をやれるのです。

学校の先生でも、怖かった先生のほうをよく覚えているのは、生徒が気づいているのです。

怖い先生は、根っから怖いのではありません。

誰かが憎まれ役という怖い役の先生をやらなければならない時に、本当に生徒のことを思っている先生だけが憎まれ役になれるのです。

生徒のことより自分のことを考えたら、みんなから嫌われる役などやりたくないと思うのが普通です。

生徒のことを思っている先生だけがそれを引き受けられるのです。

チームで何かする時には憎まれ役が必要です。

一流のリーダーは憎まれ役になれるのです。

みんながリーダーの悪口を言って結束する形もあるのです。

それは確信犯的な、一流のリーダーのやり方の一つなのです。

27　男にも女にもモテるために
「憎まれ役」になろう。

表面上みんなに好かれているリーダーが、いいリーダーなのではありません。

そういう人は、愛され役にまわりたいという自分だけの満足に従って動いているにすぎません。

チーム全体のことを考えているわけでは決してないのです。

チームの中では、みんながやりたがらない仕事があります。

つまらない仕事を引き受けるのもそうです。

憎まれ役は、精神的に嫌われ役になってしまうのでもっとつらいのです。

でも、本当に嫌われている人は嫌われ役にはなりません。

嫌われ役をやる人は、逆に嫌われない人なのです。

28

お客様同士を紹介しよう。

一流のレストランやバーに行くと、お店の人がお客様同士を紹介してくれます。

「お食事中すみません」と了解をとりながら、「○○さんがいらしているので、ご紹介しておきます」と言うのです。

そういうお店では、ただ仲よしとごはんを食べるだけではなく、新しい友達ができるのです。

ちゃんとしたお店なら、いい友達が増えるのです。

そういうお店は、ただおいしいからとかオシャレだからといって食べに行く場所ではありません。

お客様同士のネットワークやコミュニティを楽しみに行く場所に変わるのです。

それが一流のお店のカッコよさです。

人間でも同じです。

カッコいい人は、いろいろな人をどんどん紹介してくれます。

パーティーでは、「この人は○○さんです。すごい人なんですよ」とほめながら紹介してくれるのです。

「オレは、オレは」と威張っている人は、絶対に人を紹介しません。

不思議なことに、人脈があることを自慢して、有名人といかにも親しげなそぶりで話す人ほど、実際には紹介してくれないのです。

自慢しない人ほど、コツコツ一人ひとりに紹介してくれます。

自慢している人は、本当はそんなに親しくないのです。

たまたまその人と同じパーティーで出くわした時に、「紹介してください」と言っても、「あとで」と言ってごまかしているので、実はそんなに親しくないのがバレてしまうのです。

自分の友達同士が仲よくなることを楽しめる人がカッコいいのです。

友達同士が会った時に、「オレ、聞いていないよ」という発言をする人はカッコ悪いのです。

仕事でも、あなたの知らないことが展開しているのは、ほかの人に権限を委譲してうまく進んでいるということです。

会議の時に一番こじれるのは、「オレ、聞いていない」という発言です。

その発言が出ると、その会議はだいたい白紙に戻るのです。

あなたが聞いていないことをどれだけ受けとめられるかです。

あなたに気を使って、手を煩わせないためにやっておいてくれたんだというふうに評価できる余裕を持つことです。

「オレ、聞いていない」という発言は、自分がいなくても事が運ぶんじゃないかという不安のあらわれです。

本当に一流のリーダーは、自分がいなくても事が運ぶようにできるのです。

リーダーが指示しなくても、スタッフがそのつど適切な判断をして事が運ぶのがベストなチームのあり方です。

「オレ、聞いていない」という発言をする人は、自分が判断しないと部下は間違うと考えているので、部下に対しての信頼度がないのです。

「オレ、聞いていない」という発言は部下にがっかりされるもとになるのです。

男にも女にもモテるために

28 紹介されるより、紹介しよう。

29

「本当の自分」より「演じる自分」が重要。

部下としては、リーダーにリーダーの役を俳優のように演じてほしいのです。

俳優のように演じることとは、一見簡単なようで難しいのです。

いいカッコしている時だけではなく、つらくてカッコ悪い時もきちんと演じられることが、俳優のように演じるということなのです。

カッコ悪いシーンやつらいシーンになると、急に演じるのをやめて、素に戻って、「これはあまりやりたくない」と言うのです。

それではトータルでカッコよくなりません。

つらい場面やカッコ悪いシーンがあるから、トータルでカッコよくなるのです。

カッコいいシーンはやるけど、つらいシーンやカッコ悪いシーンはやりたくないというのは、俳優のように演じて仕事をしていないのです。

男同士の友情、仕事に対する責任感、男女間の愛情など、すべてにおいて、「映画だったら……」と考える。「ヒーローだったら……」と考えて、それを演じ切るようにします。

時には演じるけど時には演じないというのではいけません。

俳優という仕事は、演じ切ることです。

芝居を中断しないことでリアルになるのです。

演じているからウソだということではありません。

10年演じ続けたら、演じているのではなく、それはあなた自身になるのです。

寛大な人間を演じようとした時に、寛大だったり寛大じゃなかったりしたら、演じていることにはなりません。

本当は寛大な人間でなくとも、寛大なフリが10年できたら、その人は寛大な人間なのです。

フリが10年できるかどうかが一つの目安です。

10年演じることができたら、その人は死ぬまで演じることができるのです。

「自分は本当はこんな人間じゃない」と言って、本当の自分と演じている自分のギャップがストレスになる人がいます。

逆に、そのギャップを生かして演じることを楽しむ人もいます。

人間にはその二通りがあるのです。

カッコいいのは、本当の自分と演じている自分のギャップを楽しめる人です。

「自分は本当は気が小さいのに、勇気のあるフリをしているだけなんです」といって、30年勇気のある人間を演じた人は、もともと勇気のある人よりもよほどカッコいいのです。

幕末の志士にしても、世の中で偉大な業績を残している人は、もともと気の小さい人たちです。

気の小さい人たちのほうが、いざ何かをするとなると大きいことができるのです。

それは演じるからです。

幕末の志士は、今の大河ドラマでやるように幕末の志士を演じていたのです。**演じる力は、「これは演技だ」という割り切りがあるから強いのです。**

「本気だ」と思ってやっている人は、意外にくじけやすいのです。

気の強い人は本当の姿でやっているので、たいしたところまでいかないのです。

歌舞伎の女形が女性よりももっと女性的なのと同じように、気の小さい人が演じる気の大きい人間の行動のほうが、もっと大胆なのです。

「本当の自分は気が小さい」と思っている人のほうがすごいことができる。まわりからはカッコよく見えるのです。

「自分は内向的だし社交的じゃないんです」と言う人が社交的な人間を演じたほうが、かえって社交的だったりするのです。

お笑いタレントでトップになっている人は、みんな内向的な人なのです。照れ屋で、シャイで、人前でそんなことをするのは恥ずかしくてしようがないのです。

緊張して、上がり性で、自律神経失調症になるぐらいのデリケートな精神の持主が多いのです。

そういう自分がわかっているので、それを隠すために、恥ずかしいことをできてしまう爆発のエネルギーを持っているのです。

男にも女にもモテるために

29 演じることを楽しもう。

30

モテる人は、大切な人を大切にしている。

モテる人は、シンプルな原則に従って行動しています。

それは「大切な人を大切にする」ということです。

当たり前のことですが、それがなかなか難しいのです。

ほとんどの人が、大切な人を大切にしないで、それほど大切にしなくていい人を大切にしています。

それはエネルギーの配分を間違っているのです。

誰でも何かを大切にしているのですが、モテない人は大切にする人を間違っています。

レストランには、大切なお客様と大切でないお客様がいます。

お客様を差別しているのではなく、区別しているのです。

そのお店を愛してくれて、期待値を高くしてコツコツ通ってきてくれるお客様は大切なお客様です。

そういうお客様は、時には厳しいことをお店の人に言います。

要求度と期待値が高く、それだけそのお店を愛しているからです。

その大切なお客様を大切にすることで、そのお店は流行っていきます。

そういうお店は、大切なお客様を大切にすることにエネルギーを使っているのです。

悪しき勘違いの平等主義では、「お客様を差別してはいけない」と言うのです。

大切なお客様も大切でないお客様も区別せずに一緒に扱ってしまいます。

大切でないお客様は、たまたま来ただけで、「1回来たら2回目も来ようとは思わない、どこでもよかった」というお客様です。

レストランにはそういうお客様もいます。

お客様の数を増やそうとすると、「どこでもよかった」という浮動票のお客様を拾っていこうとします。

その結果、大切なお客様を追い出してしまうことになるのです。

「TVで見たから来た」とか「雑誌に載っていたから来た」というお客様は、次の週には違うお店に移っていきます。

そういう人は、そのお店でなければということはないのです。

「たまたま通りかかったから来た」「たまたまチラシを見て来た」「たまたま安かったから来た」「クーポン券があるから来た」という理由で来ているお客様もいます。

差別と区別を分けるようにします。

大切な店を大切にしていくように、大切な人を大切にすると、信頼がじわじわと伝わっていきます。

信頼は、TVのコマーシャルのように一気に知らしめることはできません。

時間をかけてつくらなければならないものです。

かけた時間と崩れていく時間は比例します。

一瞬でできあがったものは、一瞬で消え去ってしまうのです。

誰かの悪口を言う人は、その人からの信頼を失うだけではありません。

まわりの人からの信頼も失ってしまいます。

人間だけではなく、自分の好きなものの悪口も言わないようにしましょう。

好きなことでも、時にはうまくいかないことも面白くないこともあります。

だからといって、それの悪口を言ってけなしたら、結局は自分自身をけなすことになるのです。

男にも女にもモテるために

30 大切な人を本当に大切にしよう。

31

読書は、人生の予習復習だ。

カッコいい人は、本を読んでいます。

目の前で本を読む姿を見ていなくても、「この人は本を読んでいる人だな」とわかるのがその人のカッコよさです。

目の前でしている行為がカッコいいのではありません。

人が誰も見ていないところでしている行為が、その人のカッコよさになるのです。

「最近、こんな本を読みました」という話をしなくても、短い言葉のやりとりの中で、「この人、本を読んでいるな」というのがわかるのです。

たまたま読んでいた本に書かれていたことが、会話の中に一言混じるだけで違うのです。

本を読むことで、情報を得るだけではなく、あなたの生き方が変わります。

「この人は何かしているに違いない」とまわりに感じられることが大切です。

スポーツをやっている人は、それが何のスポーツかはわかりませんが、「この人、何かスポーツをやっている」というのがわかります。

それは座っているだけでも、歩いているだけでもわかります。

その人が持つ軸の安定さ、目線の安定さ、精神の安定さで、「この人はスポーツをやっている人だ」というのがわかるのです。

それと同じように、「この人は本を読んでいる人だ」というのもわかります。

本は人前で読むものではありません。

誰かがいたらその人と話をしている。

誰かに見せるために読むものでもありません。

誰かに見せようと思って読んでいる時は、本の中身は頭に入りません。

「今、誰かに見られているな」と思えば、それに気をとられて本の中に入らないのです。

本を読んでいる時は本の中だけに入っているので、誰かに見られていることは意識から消えてしまうのです。

カッコいい人は、「過去」も「未来」も持っています。

カッコ悪い人は、「今」しかありません。

本を読むことは、「過去」の復習と、「未来」の予習なのです。

本を読んでいると、あなた自身の体験が不意に鮮ってきます。

その本を読まなかったら、一生思い出すことがなかったような記憶が再生されるのです。

それによってあなたは過去を復習できるのです。

つまり成長できるのです。

読書によって、未来の予習をすることもできます。

今度同じことがあった時には「こんなふうにやってみよう」「こんなふうになりたい」「こんな状況が生まれたら、こんなにカッコよくできればいいな」

ということをインプットしておけるのです。

実際にはそのことが起こっても、必ずしも思いどおりにはいかないものです。

本で読んだことと似たような状況がデジャヴとしてあるならば、そこで試してみようと思ってトライできるのです。

意識していなくても、無意識にやってみたくなるのです。

本を読んでいないと、大切なその瞬間がやって来ても、何も起きません。

同じ80年の人生でも、読書で予習復習をしている人とそうでない人とでは、人生の深みと濃さと厚みに大きな差がついてしまうのです。

男にも女にもモテるために

31 読書があなたの背中を押してくれる。

32

志《こころざし》のレベルで差をつけよう。

若いうちは年収の差があまりないので、お金の自慢をする人はいません。

だんだんお金に余裕が出てくると、お金の自慢が始まります。

そこでカッコいい人とカッコ悪い人の差がつくのです。

女性でも男性でも、資産や年収がどれだけあるか、どういうポストにいるかということでは口説けないのです。

自慢話で人を口説くことはできません。

資産の額で尊敬されることもないし、逆に資産が少ないからといってバカにされることもないのです。

そこそこ財産が生まれてくるころが一番危ないのです。

本当にカッコいい人は、財産ではなく志の高さでカッコいいと思われるのです。

志には高い低いがあります。

志は、わかりやすく言うと、「目的」「狙い」「下心」です。

たとえば、「女性にモテるにはどうしたらいいか」という本を読む時は、「女性にモテたい」という志なり下心なりを持っているのです。

「男にモテるようになれば、女性にもモテるようになる」というのは、女性よりもモテるのが難しい男性にモテるようになれば、女性にモテるのは簡単だということです。

志を上げることによってアプローチの仕方が変わります。

それだけ志が高いということです。

「どうしたらうまく口説けるようになりますか」という時に、「こうしたら口説けるようになる」と言うよりも、「こうしたら口説かなくても口説けるようになる」と言うほうが志は高いのです。

スポーツの世界では、「うまくなりたい」も「強くなりたい」も一つの志です。

「強くなりたい」のほうが、「うまくなりたい」よりはるかに志が高いのです。

「うまくなりたい」と「強くなりたい」の志の高さの違いを、感覚的に感じられるかどうかです。

「うまくなりたい」というのは技術的なことにすぎません。

「強くなりたい」には精神的なものも入ってくるので、より志が高いのです。

ボウリングの世界では、「うまいボウラー」「強いボウラー」の上に、「いいボウラー」がいます。

最も高次元なのが「いいボウリングをする」というレベルです。

ボウリングに限らず、試合を見る人は、競技者の点数ではなく、その人のステージを見たいのです。

仕事でも、「うまい仕事」と「強い仕事」と「いい仕事」では、レベルが全然違います。

目指している志で、レベルは全然交わらないぐらいに分かれてしまうのです。

うまい人生の生き方をする人は、そこでトップになったとしても、強い人生の生き方のビリの人にはかないません。

強い生き方をしている人のトップになったとしても、いい生き方をしている人のビリにはかなわないのです。

ステージが違うからです。

それが志をより高くすることの大切さです。

志は、どこを目指しているかでエントリーするステージが変わるのです。

エントリーの中でステップアップしていくというものではありません。

志を高くしようと思えば、エントリーするステージを変えることです。

うまい生き方の中でトップだと自慢しても、その中では評価されても、もっと引いたところから見ると、なんでそんなところにエントリーしているのかと思われます。

もっと志が高いところにエントリーすればいいのにと思われてしまうのです。

自分の志のレベルを上げて、自分のカッコよさのレベルを上げることが大切です。

下のステージからは上のステージが見えないので、自分より上のステージの人の評価はできません。

ですから、志が低い人が志の高い人に「オレはあいつに勝っている」という錯覚に陥るのです。

上から下を見る時は、その差がよくわかります。

上のステージにいる人は「こんなものに勝ち負けは存在しないんですよ」と言うのです。

ステージが違うから、勝ち負けがないのは当たり前なのです。

男にも女にもモテるために

32 エントリーする人生のステージを上げよう。

33

誰かと一緒にごはんを食べて育った人は、モテる。

私が子どもの時は、家が商売をしていたので、家族はみんな忙しく、家族と一緒に過ごす時間は短かったのです。

ラッキーだったのは、晩ごはんを食べる時間が同じだったことです。

7時からスナックが始まるので、6時から父親と母親と妹と私の4人でごはんを食べました。

家族でごはんを食べながら、いろいろな会話を交わしたり、情報交換をしたり、しつけや教育をする場になっていたのです。

サラリーマンの家の子は、食事の時間に父親が帰ってこないのでバラバラで食べたりします。

私の家がそうでなくてよかったなと感じます。

私が今、ごはんを食べながら人と話ができるのは、家族一緒にごはんを食べる習慣があったからです。

その習慣があるかないかは、すごく大きなことです。

ごはんを食べるだけであれば、一人でも食べられます。

誰かと一緒に話をしながら食べることが本当の意味での食事です。

それができる人とできない人がいるのです。

ビジネスでも、ごはんを食べながら話ができない人が大勢います。

仕事ができないからではなく、ごはんを食べながら話をする習慣がないからです。

ごはんを食べながら話をする習慣のない家庭で育った人は、話題の選択を間違えます。

大人になって、レストランで女性とごはんを食べていても、仕事の話や会社の話をしてしまうのです。

そういう人は、女性が面白いと感じる話題を見つけることができません。

ごはんを楽しく食べるのにふさわしい話題を見きわめる力は、子供の時に家族でごはんを食べていたかどうかで決まるのです。

親の育て方にもよります。

同じように家族で一緒にごはんを食べていても、大きくなってごはんの時にふさわしい話題を見つけられない人もいます。

そういう人は、ごはんの時に学校の成績や明日の試験のことを聞かれて育ったり、「しゃべってないで、早く食べて2階に上がって勉強しなさい」と言われて育ったので、大きくなってもごはんの時に仕事の話題をしてしまうようになるのです。

ごはんの時に楽しく話ができれば、どんな時でも楽しく話ができるようになります。

ごはんの時の会話の難しさは、食べることに集中して、黙々と食べようと思えば食べられることです。

話をしていて食べるのが遅くなるという難しさではないのです。

会話から逃げようと思えば、ごはんを食べることに集中することができるのです。

レストランの人と事務的な会話を交わすことで、会話しているような錯覚に陥ってしまうのです。

食べることに集中していると、隣の人の会話ばかりが耳に入ります。

隣の人が話している話題はしちゃいけないと思って、ますます話題が見つからなくなるのです。

明らかにごはんの時に楽しく会話ができなくなる初期症状なのです。

男にも女にもモテるために

33 食事を、一人でも、二人でも、大勢でも食べられるようになろう。

34

あなたの生き方は、姿勢にすべて表われる。

年をとればとるほど姿勢に差が出てきます。

もともとの遺伝的な要素よりも、結局はその人がどういう生き方をしているかで決まります。

スポーツをやっているかどうかだけではなく、その人がどういう生き方をしているかで、姿勢の美しさに差がつくのです。

歩く時、寝転がっている時、仕事をする時、机に向かっている時、その姿勢全部にあなたの生き方が反映しているのです。

採用の面接などでも、姿勢を見るだけで決めてもいいぐらいです。

ミス・インターナショナルの審査でも、みんな美人なのでルックスでの差はつきませんが、大きく差が出るのが姿勢なのです。

姿勢と歩き方と立ち居ふるまいで、今までどういう生き方をしてきたかが出ます。

これからどういう生き方をしようとしているかという生きざまや生きる姿勢が、文字どおり姿勢となって出てくるのです。

カッコいい人は姿勢がよく、カッコ悪い人は姿勢が悪いのです。

姿勢の悪い人は、話す内容もグチや悪口です。

姿勢よくグチや悪口を言う人はいません。

猫背になっている人は、ひそひそとウワサ話をしています。

同じ下ネタを話していても、さわやかな人とそうでない人の差は姿勢なのです。

話す中身ではなく、その人が話している時の姿勢で、好感を持たれたり持たれなかったりします。

セクハラになったりならなかったりするのです。

一緒にごはんを食べながら話していても、その人の姿勢で、いやらしく感じることもあれば、いい感じにとらえられることもあります。好感を持たれるかどうかは、ルックスや着ているもの、ましてや肩書などは関係ないのです。

レストランでは、入ってきたお客様をどこに座らせるかを、入ってきた瞬間に見抜いて席に案内します。

入ってきたお客様の姿勢を見て、このお客様はトイレの横でいいとか、センターテーブルの花の隣に置こうとか、ランクづけするのです。

姿勢は知らず知らずのうちに相手に印象を与えています。

自分の姿勢が今どうなのかは、自分ではわかりません。

今までの積み重ねで自分の姿勢が決まります。

自分の意識を変えるだけで、姿勢はどんどん変わるのです。

第一印象は、その人の姿勢で決まります。

姿勢で判断することは決して間違っていないのです。

どれだけ仕事ができて、どれだけ精神力があるかは、すべて姿勢に出てしまうのです。

男にも女にもモテるために

34 姿勢で伝えよう。

第5章

生き方が、モテる人になろう。

35

まわり道をして送っていく時に、「出会い」は「つき合い」に変わる。

つき合いは、まわり道をどれだけできるかで決まります。

誰かを送る時に、自分とは全然違う方向だとしても、「送っていきますよ」と言ってまわり道をした時に、初めてその出会いはつき合いに変わるのです。

出会いがたくさんあっても、その出会いをつき合いにしていくことが大切です。

最短コースでは、つき合いになりません。

たまたま自分と帰り道が同じならば、別に送っていくわけではなく、ただ相乗りしているだけです。

遠まわりになったり、極端な場合、反対方向なのに送っていく時に、それが初めて「送っていく」ということになるのです。

その中で、「出会い」は「つき合い」に変わるのです。

まわり道のような非効率なことをどれだけできるかです。

効率ばかり追い求める人に、つき合いはありません。

これは帰り道を送る時の話だけではありません。

あらゆる場面で、まわり道をどれだけできるかで、つき合いになるかならないかが分かれるのです。

まわり道はたくさんあります。

それは避けようと思えばいくらでも避けられるのです。

そのまわり道にどれだけ非効率なエネルギーを費やすことができるかが大切なのです。

男にも女にもモテるために

35 まわり道をしよう。

36

武士道は、非経済と覚悟する。

武士道とは、一言で言うと「武士は食わねど高楊枝」の精神です。
商売をすれば儲かりますが、武士をやっても儲かりません。
「武士は儲からない」と文句を言ってはいけないのです。
儲からなくても仕方がない、儲けないというのが武士の生き方です。
もとも非効率で非経済なのが武士の生き方です。
武士で儲かってはおかしいのです。
儲かる儲からないという発想からどれだけ離れられるかが大切です。
「それって儲かるの」と聞く人がいます。
そういう人は、早くそのステージから上のステージに上がらなければなりません。

「それって儲かるの」と聞く人は、儲かればやるけれど、儲からなかったらやらないという発想です。

そういう発想の人の儲かり方は小さいのです。

とてつもなく儲ける人は、「儲かるから」と言ってやった人ではありません。

「これは儲からないんだよね」と言いながらやっている人が、最終的にはとてつもなく儲けるのです。

なぜならば、その人のまわりには人がどんどん集まるからです。

儲かるけど自分が面白くないことをやっていると、儲けるためのガマン料が上乗せされてしまうので、最終的にはお客様へのしわ寄せが出てくるのです。

「儲からないんだけどね」と言いながらやっていることは、自分が好きでやっていることです。

儲からないで嫌いなことをやる人はいません。

儲からないでやっていることは、必ずその人の好きなことです。

好きなことだから一生懸命やります。

それが仕事なら、お客様への還元になって、お客様から支持されるようになります。

長期的には大きく儲けることができるようになるのです。

どれだけ儲からないことができるかが重要です。

ガマンしながら儲からないことをやっている人は、やり方が間違っているのです。

儲けようと思っていて、結果として儲からなかったのです。

好きなことをやっている人は、やれるだけでハッピーだと思っているので、最初から「儲からなくていいんです」というつもりでやっているのです。

同じ儲かっていない人でも、最初から儲けるつもりでやっていない人と儲けようと思ったけど意外に儲からなかったという人とでは、天地の開きがあります。

「本を書きたいんですけど」と相談に来て、いきなり「印税は何％ですか」と聞く人がいます。

その人は儲けようとしているのです。

そういう人は本が書けない人です。

私は、儲からなくても、自分でお金を出しても本を書きたい。

そういう人でなければ本は書けないし、書いたものが読者から支持されないのです。

儲けるために何かをやっている人は、儲からなくても儲かっても途中でやめてしまいます。

儲かると、「もう稼いだからいいです」と言うのです。

何かをライフワークにできる人は、それが儲かろうが儲かるまいがやり続けるのです。

ベストセラー作家で長く続いている人は、書かなくても印税だけで食べていけるのに、それでも書き続けている人たちです。

だから、読者に支持されるのです。

ベストセラーを出しても消えていく人は、儲かっても儲からなくてもやめるのです。

作家に限らず、すべての仕事に言えることです。

儲かっても儲からなくてもやめる人と、儲かっても儲からなくても続ける人に分かれます。

結局、長く続けている人のほうがカッコいいのです。

15年ぶりに会った人に「最近、何やっているんですか」と聞いた時に、15年前にやっていることと同じことをまだやっていたら、それはカッコいいのです。

15年ぶりに会っても、前と同じことをやっている人はたいしたものです。

そういう人は、精神的に若くて、エネルギッシュで、年齢不詳なのです。

威張っているわけではありません。

本人の意識の中では、15年前とまったく変わっていないのです。

どんなに売れても、どんなに大ヒット商品を出しても、どんなに大金持ちになって偉くなっても、そんな意識はまったくないのです。

36 男にも女にもモテるために
「割に合わないこと」をしよう。

1週間前に会ったばかりなのに、もう違うことを始めている人もいます。

ヘンなことや、エーッとびっくりするようなことをやっている人は時代の先取りをしている人なので、それはそれでカッコいいのです。

一番カッコ悪いのは、何かが流行ったからといって、次から次へと流行りモノの後追いをしている人なのです。

37

美人を連れて行くと、いい話が聞ける。

誰かとごはんを食べながら話をする時に、美人を連れて行くと盛り上がります。

ブレーンストーミングをする時も、美人を交ぜておくといいアイデアが出ます。

交渉事をする時も、美人を連れて行くとうまくいきます。

極秘の話を聞き出す時も、美人を連れて行くと、男はつい頑張ってしゃべってしまいます。

美人はそれぐらい力を持っているのです。

カッコいい男性の条件は、美人を連れていることです。

一人でいる男性や男同士でいる男性よりも、美人といる男性はモテるのです。

大事な要素は、その美人がムッとしていないことです。

連れている美人がムッとしているのをレストランでよく見かけます。

美人がムッとしていると、その美人は不本意ながらたまたまその男性と一緒にいるということがまわりに伝わってしまいます。

まわりの女性がそれを見たら、あまりカッコよくないなと思います。

まわりの男性が見たら、カッコいいともうらやましいとも思わずに、つらいなという気持ちになります。

連れている女性が美人であればあるほど、その美人がムッとする状況をつくっている男性に対して、「つらいよね」という状況を感じ取るのです。

男から男を見てカッコいいなと思うのは、連れている美人がニコニコ笑っている状態です。

美人を連れているかどうかよりも、一緒に連れている女性をニコニコ笑わせられる男性かどうかのほうが大事です。

男性でも女性でも、ニコニコ笑っているところに人は集まってくるのです。

連れている男性だけがニコニコ笑っていて、一緒にいる女性がムッとしていたら、それはただ美人を連れてご機嫌になっている恥ずかしい状況です。

美人と一緒にいるのに、男性がムッとしていたら、それはただの横柄な男性です。

そういう男性もカッコ悪いのです。

美人も、連れている男性もニコニコしているところへは、いろいろな人が集まってきます。

美人を連れているからといって、友だちになったり、つき合うチャンスがないと諦める女性はいません。

モテる男性は、美人はバカでないことはわかっています。

その美人がニコニコしてついてくるのは、この男性に何か魅力やパワーがあるに違いないと思って、その男性に近づくのです。

美人を連れている男性がいたら、その美人に近づくのではなく、男性に近づくほうが新たな出会いを生むチャンスになります。

レストランで美人を連れた男性が入ってくると、まわりの男性は当然、美人に目がいきます。

その美人だけを見るのではなく、その女性を連れている男性にまで目を向けるのが、いい男なのです。

37 男にも女にもモテるために

美しい笑顔を連れて行こう。

38

センスなく高級ブランド服を着るのは、カッコ悪い。

どんなにテクニックを持っていても、そこに志がないとカッコ悪いのです。

それと同じように、どんなにオシャレな高級ブランドを持っていても、その人に美意識がなければ、カッコ悪いのです。

美意識というのは、その人の好みであり、こだわりです。

美意識のなさをブランドでごまかそうとしがちです。

それはごまかしきれません。

高級なブランドを持てば持つほど、逆にその人の美意識がバレてしまうのです。

美意識のない人は、「でも、これ一応アルマーニなんですけど」と言います。

その発想がすでに美意識を崩壊させています。

アルマーニやルイ・ヴィトンが悪いのではありません。

「でも、これアルマーニなんですけど」「でも、これヴィトンなんですけど」という発想が、すでに間違っているのです。

高級ブランドであればあるほど、それをきちんと志と連結させなければなりません。

そうでなければそのブランドに悪いという意識を持つようにします。

そのブランドの価値をちゃんと位置づけられる、あなた自身のセンスや美意識の軸を持つのです。

どういうポリシーでこの組み合わせをして、どういうポリシーで今日これを着ているのかを決めるのです。

このブランドを持っているから大丈夫という安心感は、最も危険なことです。

古着屋で買ってきた服のほうが、一生懸命コーディネートしようと考えるのです。

ノンブランドだから、何とかして良く見えるようコーディネートせざるをえないのです。

高級ブランドは「１０００円で買った古着ですから」という言い訳はできません。

そこにブランドの危険性があるのです。

男にも女にもモテるために

38 服の価値を美意識で高めよう。

39

元気の出る握手は、体の中心から出る。

カッコいい男性は、握手がカッコいいのです。

握手した時に手から伝わるものは、人によって大きな差があります。

外国人は握手の文化を持っているので、握手がカッコいいのです。

握手にかけるエネルギーや気迫は、外国人と日本人とでは全然違います。

日本人はおじぎと名刺の文化なので、おじぎと名刺には気合いが入りますが、握手には淡白すぎます。

もう少し握手には気合いを込めたほうがよいのです。

ただ手を握ることが握手ではありません。

そこであなたのエネルギーを伝えなければならないのです。

女性も男性も、ただチョンと合わせるだけの握手をする人はたくさんいます。握手はただ手を合わせるだけではなく、そこでもう一回、何かを相手に伝えなければなりません。

『あしたのジョー』で、矢吹丈が最初に丹下段平にジャブを習う時に、「内側からえぐり込むようにして打つべし」と習います。

それと同じように、握手も相手にえぐり込むような握手が必要です。あなたの中心から相手の中心に向かってえぐり込むような握手です。刀を突き刺して向こうに貫くぐらいの気迫を持った握手をするようにします。浅くて淡白で、ただ合わせるだけの握手はカッコ悪いし、あなたの力強さも色気も何も感じないのです。

体に触れることは大変なことです。

その大変なことをどれだけきちんと味わい、そしてどれだけ自分の気迫を伝えるかが大切です。

ただ自分が味わっているだけでは痴漢と同じです。

相手に伝えていく気迫は、握手ではすごく個人差があるのです。

外国に行って英語を覚えるよりも、握手の仕方を覚えてくるだけで全然違うのです。

グローバルダイニングのフラッグシップのタブローズというレストランには、エディーというカッコいいメートルディがいます。

彼は、ワインを注いだり、お客様に話しかけたりするのが仕事ですが、握手がカッコいいのです。

その握手を他のスタッフもそばで見ているから、タブローズのスタッフはみんな握手がうまいのです。

東京のレストランの中で、スタッフの握手がズバ抜けてうまいのがタブローズです。

エディーの握手をみんなが学習したからです。

外国のレストランに行くと、スタッフとお客様が握手をしています。

外国人の握手は、遠くから見ていても、この握手には気合いが入っているということがちゃんとわかるのです。
握手は洗練された文化であり、大切なコミュニケーションツールなのです。

39 握手の力を信じよう。

40

目覚まし時計から、解放されよう。

私は、目覚まし時計のない暮らしをしています。

サラリーマンの時は、会社に遅れないよう、目覚まし時計で起きていました。

体内に目覚まし時計をセットできるようになると、目覚まし時計で目を覚ます必要がなくなります。

自分がやりたいことの衝動で目を覚ますようになり、あなたの人生は好きなことでまわっていくのです。

目覚まし時計で起きて、しなければならないことをさせられることから解放されます。

頭の中にある好きなことに揺り起こされて起きるのです。

自分の好きなことを中心に体内時計をまわしていけば、24時間を有意義に生きることができます。

睡眠時間が短いことは、ちっとも自慢になりません。

それは目覚まし時計の発想です。

好きなことをする時は、目覚まし時計よりも早く目が覚めます。

それは、好きなことに揺り起こされて起きているのです。

目覚まし時計で起きると、「もうこんな時間だ」→「起きなければ」→「眠い」→「本当はもうちょっと寝たい」→「でも、しなければならないことがある」という流れで一日が始まってしまいます。

目覚まし時計で起きなければ、自分が今日やりたいことを頭の中でイメージすることができます。

① **したいことで一日がまわっているか。**

② **しなければならないことで一日がまわっているか。**

どちらかで、あなたの一日は同じ24時間でも全然違うものになります。

男にも女にもモテるために

40 「したいこと」で、一日をまわそう。

あなたがしたいことをして生きている人か、しなければならないことをして生きている人かで、まわりからは全然違って見えるのです。

どちらも一生懸命は一生懸命なのです。

しなければならないことで一生懸命な人よりも、したいことで一生懸命な人のほうがよりカッコよく見えるのです。

41

心の中の「相談椅子」を持とう。

会社の中で相談事がある時に、すぐに会議室に行く人がいました。

私は会議室をとる係だったので、「中谷、会議室をとってくれ」と言うのです。

その人は、あまりカッコよくありませんでした。

本当にカッコいい人は、その人の横に小さい椅子が置いてありました。

そして、相談する人がたくさん来たのです。

その相談椅子に座らせて、いろいろな相談事を片づけていくのです。

会議室をとろうとする人は、相談を拒否しているのです。

会議室にこもってやらなければならないぐらい、相談が日常化していないのです。

そういう人には相談しにくいので、誰も相談に来なくなるのです。

いろいろな相談事をされるのは、その人の魅力です。

そういう人の机の横には、相談しに来た人が立ったままではなく、座る椅子が用意されているのです。

あなたが仕事をしている時も、相談椅子に当たるものがちゃんと用意されていますか。

外資系の会社に行くと、デスクの前に必ず椅子が置かれています。

壁を背負った偉そうな席のある立場でなくてもいいのです。

心の中に「相談椅子」を用意して、いろいろな人が相談しやすいような雰囲気づくりがされているかどうかが大切です。

相談事があると言われたら、「今夜、一杯飲みに行こう」とか「会議室をとらなければいけないから、次の会議まで待ってくれ」という大げさなことにしない気持ちが、心の中に小さな相談椅子を持つことなのです。

めんどうくさい相談もたくさん来ます。

それにどれだけ乗ってあげられるかです。

相談椅子が置かれているデスクは、はたから見るとカッコいいのです。

その人に相談すると、とりあえず相談に乗ってくれるという安心感がまわりのスタッフに生まれるのです。

41 男にも女にもモテるために
相談事をされるようになろう。

42

エピローグ
失敗と成功の間に、色気は生まれる。

モテる人には「色気」があります。
男性にも色気は大切です。
ヘンに枯れてはいけません。
年齢と関係なく、年をとっても枯れない人もいるし、若くても枯れる人がいます。
枯れることでリスクから逃げることになるのです。
色気があることにはリスクが伴います。
リスクを背負うことが、その人の色気になるのです。
嫌われるかもしれないところにチャレンジするのです。

そういうギリギリいっぱいのところが、ファションのセンスにしても美意識にかかわることなのです。

安全パイばかりでは枯れていってしまうのです。

仕事でも、ハラハラするようなことにチャレンジすることがその人の色気になるのです。

色気は、ギリギリいっぱいで、ヒヤヒヤするところにあります。

見えそうで見えないものは、リスクであり、ハラハラします。

安全パイで生きている人が色気を身につけようとしてもつけることはできません。

色気をつけたい人は、何かリスクを背負ってみることです。

リスクは避けようと思えばいくらでも避けられるし、背負おうと思えばいくらでも背負えるのです。

若くして枯れていく人は、若いうちから安全パイばかりを選んでいます。

安全パイを選ぶ人は、どんどん枯れた方向へ行ってしまいます。

果物には皮と実の間に栄養があります。

皮と実の間のように、失敗と成功の間にこそ、あなたの幸せも色気も含まれているのです。

男にも女にもモテるために

42 リスクがあなたの魅力を作る。

『運とチャンスは「アウェイ」にある』
（ファーストプレス）
『「出る杭」な君の活かしかた』
（明日香出版社）
『大人の教科書』（きこ書房）
『モテるオヤジの作法２』（ぜんにち出版）
『かわいげのある女』（ぜんにち出版）
『壁に当たるのは気モチイイ
人生もエッチも』（サンクチュアリ出版）
『ハートフルセックス』
（KKロングセラーズ）
書画集『会う人みんな神さま』（ＤＨＣ）
ポストカード『会う人みんな神さま』
（ＤＨＣ）

＜面接の達人＞
（ダイヤモンド社）

『面接の達人　バイブル版』
『面接の達人
面接・エントリーシート問題集』

【あさ出版】
『「いつまでもクヨクヨしたくない」とき読む本』
『「イライラしてるな」と思ったとき読む本』
『「つらいな」と思ったとき読む本』

【きずな出版】
『ファーストクラスに乗る人の勉強』
『ファーストクラスに乗る人のお金』
『ファーストクラスに乗る人のノート』
『ギリギリセーーフ』

『輝く女性に贈る 中谷彰宏の魔法の言葉』(主婦の友社)
『「ひと言」力。』(パブラボ)
『一流の男　一流の風格』(日本実業出版社)
『「あと1年でどうにかしたい」と思ったら読む本』(主婦の友社)
『変える力。』(世界文化社)
『なぜあの人は感情の整理がうまいのか』(中経出版)
『人は誰でも講師になれる』(日本経済新聞出版社)
『会社で自由に生きる法』(日本経済新聞出版社)
『全力で、1ミリ進もう。』(文芸社文庫)
『だからあの人のメンタルは強い。』(世界文化社)
『「気がきくね」と言われる人のシンプルな法則』(総合法令出版)
『だからあの人に運が味方する。』(世界文化社)
『だからあの人に運が味方する。(講義DVD付き)』(世界文化社)
『なぜあの人は強いのか』(講談社+α文庫)
『占いを活かせる人、ムダにする人』(講談社)
『贅沢なキスをしよう。』(文芸社文庫)
『3分で幸せになる「小さな魔法」』(マキノ出版)
『大人になってからもう一度受けたいコミュニケーションの授業』(アクセス・パブリッシング)

【王様文庫】
『読むだけで人生がうまくいく本』

【大和書房】
『結果がついてくる人の法則58』

【だいわ文庫】
『なぜか「美人」に見える女性の習慣』
『いい女の教科書』
『いい女恋愛塾』
『やさしいだけの男と、別れよう。』
『「女を楽しませる」ことが
男の最高の仕事。』
『いい女練習帳』
『男は女で修行する。』

【学研パブリッシング】
『美人力』
『魅惑力』
『冒険力』
『変身力』
『セクシーなお金術』
『セクシーな出会い術』
『セクシーな整理術』
『セクシーなマナー術』
『セクシーな時間術』
『セクシーな会話術』
『セクシーな仕事術』
『王子を押し倒す、シンデレラになろう。』
『口説きません、魔法をかけるだけ。』
『強引に、優しく。』
『品があって、セクシー。』
『キスは、女からするもの。』

【KKベストセラーズ】
『誰も教えてくれなかった大人のルール
恋愛編』

【阪急コミュニケーションズ】
『いい男をつかまえる恋愛会話力』
『サクセス＆ハッピーになる50の方法』

『ラスト3分に強くなる50の方法』
『答えは、自分の中にある。』
『思い出した夢は、実現する。』
『習い事で生まれ変わる42の方法』
『面白くなければカッコよくない』
『たった一言で生まれ変わる』
『なぜあの人は集中力があるのか』
『健康になる家　病気になる家』
『スピード自己実現』
『スピード開運術』
『失敗を楽しもう』
『20代自分らしく生きる45の方法』
『受験の達人2000』
『お金は使えば使うほど増える』
『大人になる前にしなければならない
50のこと』
『会社で教えてくれない50のこと』
『学校で教えてくれない50のこと』
『大学時代しなければならない
50のこと』
『昨日までの自分に別れを告げる』
『人生は成功するようにできている』
『あなたに起こることはすべて正しい』

【PHP研究所】
『中学時代がハッピーになる30のこと』
『頑張ってもうまくいかなかった夜に
読む本』
『仕事は、こんなに面白い。』
『14歳からの人生哲学』
『受験生すぐにできる50のこと』
『高校受験すぐにできる40のこと』
『ほんのささいなことに、
恋の幸せがある。』
『高校時代にしておく50のこと』
『中学時代にしておく50のこと』

【PHP文庫】
『お金持ちは、
お札の向きがそろっている。』
『たった3分で愛される人になる』
『自分で考える人が成功する』
『大人の友達を作ろう。』
『大学時代しなければならない
50のこと』
『なぜ彼女にオーラを感じるのか』

『仕事は、最高に楽しい。』(第三文明社)
『20代でグンと抜き出る
ワクワク仕事術66』
(経済界・経済界新書)
『会社を辞めようかなと思ったら読む本』
(主婦の友社)
『「反射力」早く失敗して
うまくいく人の習慣』
(日本経済新聞出版社)
『伝説のホストに学ぶ82の成功法則』
(総合法令出版)
『富裕層ビジネス　成功の秘訣』
(ぜんにち出版)
『リーダーの条件』(ぜんにち出版)
『成功する人の一見、
運に見える小さな工夫』
(ゴマブックス)
『転職先はわたしの会社』
(サンクチュアリ出版)
『あと「ひとこと」の英会話』(DHC)
『オンリーワンになる仕事術』
(KKベストセラーズ)

<恋愛論・人生論>

【ダイヤモンド社】
『なぜあの人は逆境に強いのか』
『25歳までにしなければならない
59のこと』
『大人のマナー』
『あなたが「あなた」を超えるとき』
『中谷彰宏金言集』
『「キレない力」を作る50の方法』
『お金は、後からついてくる。』
『中谷彰宏名言集』
『30代で出会わなければならない50人』
『20代で出会わなければならない50人』
『あせらず、止まらず、退かず。』
『「人間力」で、運が開ける。』
『明日がワクワクする50の方法』
『なぜあの人は10歳若く見えるのか』
『テンションを上げる45の方法』
『成功体質になる50の方法』
『運のいい人に好かれる50の方法』
『本番力を高める57の方法』
『運が開ける勉強法』

【ファーストプレス】
『「超一流」の会話術』
『「超一流」の分析力』
『「超一流」の構想術』
『「超一流」の整理術』
『「超一流」の時間術』
『「超一流」の行動術』
『「超一流」の勉強法』
『「超一流」の仕事術』

【PHP研究所】
『【図解】お金も幸せも手に入れる本』
『もう一度会いたくなる人の聞く力』
『もう一度会いたくなる人の話し方』
『【図解】仕事ができる人の時間の使い方』
『仕事の極め方』
『【図解】「できる人」のスピード整理術』
『【図解】「できる人」の時間活用ノート』

【PHP文庫】
『中谷彰宏　仕事を熱くする言葉』
『入社3年目までに勝負がつく77の法則』

【三笠書房・知的生きかた文庫/王様文庫】
『お金で苦労する人しない人』

【オータパブリケイションズ】
『せつないサービスを、
胸きゅんサービスに変える』
『ホテルのとんがりマーケティング』
『レストラン王になろう2』
『改革王になろう』
『サービス王になろう2』
『サービス刑事』

【あさ出版】
『気まずくならない雑談力』
『人を動かす伝え方』
『なぜあの人は会話がつづくのか』

【学研パブリッシング】
『かわいがられる人は、うまくいく。』
『すぐやる人は、うまくいく。』

『なぜあの人はストレスに強いのか』
『なぜあの人は仕事が速いのか』
『スピード問題解決』
『スピード危機管理』
『スピード決断術』
『スピード情報術』
『スピード顧客満足』
『一流の勉強術』
『スピード意識改革』
『お客様のファンになろう』
『成功するためにしなければならない
80のこと』
『大人のスピード時間術』
『成功の方程式』
『なぜあの人は問題解決がうまいのか』
『しびれる仕事をしよう』
『「アホ」になれる人が成功する』
『しびれるサービス』
『大人のスピード説得術』
『お客様に学ぶサービス勉強法』
『大人のスピード仕事術』
『スピード人脈術』
『スピードサービス』
『スピード成功の方程式』
『スピードリーダーシップ』
『大人のスピード勉強法』
『一日に24時間もあるじゃないか』
『もう「できません」とは言わない』
『出会いにひとつのムダもない』
『お客様がお客様を連れて来る』
『お客様にしなければならない
50のこと』
『30代でしなければならない50のこと』
『20代でしなければならない50のこと』
『なぜあの人の話に納得してしまうのか』
『なぜあの人は気がきくのか』
『なぜあの人は困った人と
つきあえるのか』
『なぜあの人はお客さんに好かれるのか』
『なぜあの人はいつも元気なのか』
『なぜあの人は時間を創り出せるのか』
『なぜあの人は運が強いのか』
『なぜあの人にまた会いたくなるのか』
『なぜあの人はプレッシャーに強いのか』

中谷彰宏　主な著作リスト

<ビジネス>

【ダイヤモンド社】

『なぜあの人の話は楽しいのか』
『なぜあの人はすぐやるのか』
『なぜあの人の話に納得してしまうのか［新版］』
『なぜあの人は勉強が続くのか』
『なぜあの人は仕事ができるのか』
『なぜあの人は整理がうまいのか』
『なぜあの人はいつもやる気があるのか』
『なぜあのリーダーに人はついていくのか』
『なぜあの人は人前で話すのがうまいのか』
『プラス１%の企画力』
『こんな上司に叱られたい。』
『フォローの達人』
『女性に尊敬されるリーダーが、成功する。』
『就活時代しなければならない50のこと』
『お客様を育てるサービス』
『あの人の下なら、「やる気」が出る。』
『なくてはならない人になる』
『人のために何ができるか』
『キャパのある人が、成功する。』
『時間をプレゼントする人が、成功する。』
『会議をなくせば、速くなる。』
『ターニングポイントに立つ君に』
『空気を読める人が、成功する。』
『整理力を高める50の方法』
『迷いを断ち切る50の方法』
『初対面で好かれる60の話し方』
『運が開ける接客術』
『バランス力のある人が、成功する。』
『映画力のある人が、成功する。』
『逆転力を高める50の方法』
『最初の３年その他大勢から抜け出す50の方法』
『ドタン場に強くなる50の方法』
『アイデアが止まらなくなる50の方法』
『メンタル力で逆転する50の方法』
『超高速右脳読書法』
『なぜあの人は壁を突破できるのか』
『自分力を高めるヒント』

中谷彰宏　なかたに・あきひろ

1959年、大阪府生まれ。早稲田大学第一文学部演劇学科卒業。84年、博報堂に入社。CMプランナーとして、テレビ、ラジオCMの企画、演出をする。91年、独立し、株式会社中谷彰宏事務所を設立。ビジネス書から恋愛エッセイ、小説まで、多岐にわたるジャンルで、数多くのロングセラー、ベストセラーを送り出す。「中谷塾」を主宰し、全国で講演・ワークショップ活動を行っている。

【公式サイト】 http://an-web.com

「本の感想など、どんなことでも、
あなたからのお手紙をお待ちしています。
僕は、本気で読みます。」　中谷彰宏

〒101-0051
東京都千代田区神田神保町２-４-７　久月神田ビル８Ｆ
イースト・プレス　書籍１部　中谷彰宏 行

＊食品、現金、切手などの同封は、ご遠慮ください。（編集部）

中谷彰宏は、盲導犬育成事業に賛同し、この本の印税の一部を（財）日本盲導犬協会に寄付しています。

◎本書は2004年7月に小社より刊行された
『「男を口説ける男」が、女にモテる。』を加筆・修正、改題し文庫化したものです。

文庫ぎんが堂

なぜかモテる人がしている42のこと

2014年7月20日　第1刷発行

著者　中谷彰宏
ブックデザイン　タカハシデザイン室
編集　本田道生・高良和秀
営業　雨宮吉雄・柳川芙美・牧千暁
発行人　北畠夏影
発行所　株式会社イースト・プレス
〒101-0051　東京都千代田区神田神保町2-4-7　久月神田ビル8F
TEL 03-5213-4700　FAX 03-5213-4701
http://www.eastpress.co.jp/
印刷所　中央精版印刷株式会社

ISBN978-4-7816-7111-6